本手册为浙江警官职业学院和浙江省十里丰监狱合作的"狱内自杀与暴力防控矫正项目合作开发合同"部分研究成果。

　　本手册插图由浙江警官职业学院刑事司法系刘嫤坪设计制作。

狱内自杀防控手册

郭晶英　孔　一　傅华军　付钊生◎著

YUNEI ZISHA FANGKONG SHOUCE

中国政法大学出版社

2024·北京

图书在版编目（CIP）数据

狱内自杀防控手册 / 郭晶英等著. -- 北京 ：中国
政法大学出版社，2024. 7. -- ISBN 978-7-5764-1595-7

Ⅰ. D916.7-62

中国国家版本馆 CIP 数据核字第 2024SU9977 号

书　名	狱内自杀防控手册
出版者	中国政法大学出版社
地　址	北京市海淀区西土城路 25 号
邮　箱	fadapress@163.com
网　址	http://www.cuplpress.com (网络实名：中国政法大学出版社)
电　话	010-58908435(第一编辑部) 58908334(邮购部)
承　印	固安华明印业有限公司
开　本	880mm×1230mm　1/32
印　张	4.25
字　数	75 千字
版　次	2024 年 7 月第 1 版
印　次	2024 年 7 月第 1 次印刷
定　价	29.00 元

作者简介

郭晶英，女，浙江警官职业学院刑事司法系教授，浙江大学博士。出版专著 4 部，在 SSCI 期刊收录论文 7 篇，主持教育部青年基金项目、司法部预防犯罪研究所课题、浙江省监狱学会课题，以及"罪犯有无再犯罪风险的标准化、证据化研究""狱内自杀与自杀防控、矫正项目合作开发""再犯（在囚）风险评估系统与在囚高风险罪犯矫正项目"（一期、二期）服务行业能力提升工程项目等多项。2016 年合作研发的罪犯危险性评估与干预系统（SPEC）于 2017 年在全省监狱系统推广使用，2018 年合作研发的监狱罪犯教育改造项目效果评估系统于 2019 年在全省监狱系统推广使用。

孔一，男，浙江农林大学文法学院教授，澳门大学犯罪学博士后，硕士研究生导师。主要研究方向为再犯危险性评估和惯犯生活史。入选浙江省"151 人才工程"和浙江省"优秀青年教师资助计划"。兼任司法部罪犯危险性评估专家委员，浙江省青少年犯罪研究会副会长，浙江省社会学学会常务理事，《犯罪研究》编委，《中国人民公安大学学报》《中国刑警学院学报》等杂志审稿人。在 Asian Journal of Criminology（SSCI），International Journal of Offender Therapy and Comparative Criminology（SSCI），《中国刑事法杂志》，《刑事法评论》等刊物发表学术论文 50 余篇，出版独著 5 部。主持教育部、司法部、省哲社等课题 10 余项。研究成果获浙江省哲学社会科学优秀成果二等奖和中国法学会优秀成果奖。

傅华军，男，国家二级心理咨询师，现为浙江省十里丰监狱评估矫治中心副主任，从事基层一线罪犯危险性评估与心理矫治工作。曾参与编写《循证矫正浙江实践》，作为骨干成员参与司法部罪犯危险性评估试点工作，并完成"浙江省罪犯危险性评估与干预系统"研发。与浙江警官职业学院郭晶英教授合著《罪犯教育读本》。

付钊生，男，国家二级心理咨询师，现为浙江省十里丰监狱二级警长。自 2010 年参加工作以来，一直从事罪犯心理矫治与危险性评估工作，开展完整咨询个案近百例，高度戒备罪犯团体矫治近七十场，所撰写的案例多次入选司法部及省局案例库。

前　言

全球每年有超过 70 万人死于自杀，每 45 秒钟就有
1 人自杀身亡。自杀是个人和家庭的巨大不幸，也是严
重的社会公共安全问题，是致人死亡的三大元凶之一
（仅次于疾病和交通事故）。世界卫生组织（WHO）公
布的全球自杀率报告显示，自杀现象普遍存在于世界各
地，有些国家的自杀率超过 0.001%，如 2019 年俄罗
斯、美国、日本、法国和德国自杀率分别为 0.025%、
0.016%、0.015%、0.014% 和 0.012%。[1]中国自杀率
相较于上述国家略低，但也达到了 0.007%（农村居民）
和 0.004%（城市居民）。[2]

---

〔1〕　详见 "Suicide mortality rate（per 100 000 population）"，载 https://da-
ta.who.int/indicators/i/F08B4FD/16BBF41，最后访问日期：2024 年 6 月 16 日。

〔2〕　详见《2020 中国卫生健康统计年鉴》，载 http://www.nhc.gov.cn/mo-
hwsbwstjxxzx/tjtjnj/202112/dcd39654d66c4e6abf4d7b1389becd01/files/7325fee02bf8
4676a15ebcfa827c9cd5.pdf，最后访问日期：2024 年 6 月 16 日。

几个世纪以来,自杀一直是神学、宗教学、哲学、社会学、心理学等领域的重要议题。但丁(Dante)承袭基督教传统自杀观,在《神曲》中将自杀者作为暴力犯罪者打入地狱;伊斯兰世界坚决禁止自杀,穆罕默德(Muhammad)指出:"人只能按真主的意志根据生死簿上规定的寿限去死","既不能推迟片刻,也不能提前片刻";[1]惩罚自杀未遂者的法律在英国直至1961年才被废除(王贵松,2009);[2]社会学家埃米尔·迪尔凯姆(Emile Durkheim)认为自杀并不仅仅是个体心理或生理问题,与气候变化等自然环境因素也关系不大,而社会环境因素的影响才是决定性的。

自杀亦是罪犯在押期间死亡的主要原因之一。根据研究罪犯自杀的相关文献或报道中的(某些年份)数据,澳大利亚、法国、加拿大、美国监狱罪犯自杀率分别为0.153%、0.090%、0.071%、0.025%。日本监狱罪犯自杀率则为普通民众的10倍以上。相较而言,我国罪犯自杀防控成效显著,近10年以来,狱内自杀率始终被控制在约0.003%左右的较低水平。一般认为,在监狱服刑的罪犯因失去自由、权利剥夺、严格管束、

---

〔1〕〔法〕埃米尔·迪尔凯姆:《自杀论》,冯韵文译,商务印书馆2011年版,第356页。

〔2〕王贵松:《自杀问题的国家立场》,载《北方法学》2009年第5期。

惩罚规训等客观原因，会产生强烈的痛苦、不安、恐惧乃至绝望感，因此罪犯自杀率高于常人应在情理之中，社会公众对此也易于接受。甚至有观点认为，社会上的"好人"都时有自杀，罪犯自杀更不必大惊小怪。但在现实生活中，一起罪犯的自杀死亡事件不仅会被界定为严重的监管事故，它很可能带来外界对监狱治理能力、民警执法素质的质疑，也可能会使公众联想到渎职与腐败。如果事件被广泛关注或被媒体炒作甚至可能演变为公共事件，影响刑罚执行机关的形象和司法公信力。因此，如何有效防控罪犯自杀，已经成为刑事司法实务界和理论界必须共同应对的一大挑战。

　　"对大多数人来说，自杀是两种情形交织的结果：经过一段时间的筹划和痛不欲生的绝望，然后在某一刻轻率地付诸行动。"[1]自杀并不是一时冲动的选择，正因为如此，在自杀行为实施前进行自杀风险的评估、管控和干预就尤为重要。本手册共有四章：第一章论述一个人或一个罪犯为什么会自杀，第二章介绍罪犯自杀风险的评估，第三章讨论罪犯自杀的管控，第四章探讨罪犯自杀的矫正。手册中所称的罪犯自杀排除了"他杀性自杀"。"他杀性自杀"指当事人虽决心一死，但由于

---

　　[1]　[美] K. R. 贾米森：《生命逝如斯——揭开自杀的谜题》，一熙译，重庆大学出版社 2011 年版，第 181 页。

缺乏自杀的勇气或某种禁忌而不能亲自了结自己的生命，因此故意挑衅、激怒他人杀死自己或故意触犯刑律以求国家处决的自杀形式——因为"动机"的内隐性，对于这种复杂行为的真正动机，我们往往很难作出符合事实的判断。鉴于此，本手册的讨论对象仅限于以死亡为目的的"目的型自杀"和以死亡为手段（恐吓、要挟民警或他犯）的"手段型自杀"。手册中的所有对话资料均来自浙江警官职业学院和浙江省十里丰监狱罪犯危险性评估课题组成员的录音访谈，转写后的文本保存了话语中的重复、不连贯、搭配不当、词性误用、答非所问等，以保持话语的原汁原味。为了保护访谈中出现的罪犯、民警和监狱隐私，所有可能泄露身份、地址等具体信息的内容都作了匿名性和模糊化处理。

罪犯自杀是一个十分复杂的社会现象。对此，我们并不比监狱民警所知更多，也无法提供解决罪犯自杀问题的灵丹妙药，只希望本手册的出版和传播能够对监狱罪犯自杀的防控有所助益，哪怕只挽救了一个生命，也非常值得！

"存心时时可死，行事步步求生。"与诸君共勉。

郭晶英

2024 年 3 月

目　录

第一章　了解自杀 ……………………………………… 1

问题一：人为什么会自杀 ……………………… 3

问题二：罪犯为什么会自杀 …………………… 9

问题三：罪犯自杀有哪些类型 ………………… 18

问题四：对罪犯自杀有哪些错误认识 ………… 23

第二章　评估自杀 ……………………………………… 31

问题一：什么样的罪犯会实施自杀 …………… 33

问题二：如何评估罪犯自杀危险 ……………… 44

第三章　管控自杀 ……………………………………… 61

问题一：监狱可以怎么管 ……………………… 63

问题二：民警可以怎么管 ……………………… 74

第四章　自杀矫正 ·· 85

　　问题一：监狱可以怎样矫正 ················· 87

　　问题二：民警可以怎么矫正 ················· 99

参考文献 ·· 115

| 第一章 |

了解自杀

放弃是什么，怕重逢辜负了期待？

——爱德华·勒维

问题一：人为什么会自杀

张某荣出生于 1956 年，是中国香港歌手、演员、音乐人，在 1991 年即当选香港电影金像奖影帝。1993年主演的《霸王别姬》成为中国电影史上首部获得戛纳国际电影节金棕榈大奖的电影，他亦凭此片蜚声国际影坛，获得日本影评人大奖最佳男主角奖以及中国电影表演艺术学会奖特别贡献奖；1998 年成为首位担任柏林国际电影节评委的亚洲男演员……2003 年 4 月 1 日，这位歌坛和影坛巨星在香港文华东方酒店跳楼身亡，终年46 岁。

2016 年 8 月 24 日下午，甘肃康乐县景古镇阿姑村山老爷弯社 28 岁的年轻母亲杨某兰，杀死 4 个孩子后服毒自杀不治身亡。其中，大女儿 6 岁，二胎的双胞胎姐弟 5 岁，小女儿年仅 3 岁。不日，杨某兰丈夫李某英料理完后事，随即也服下农药告别人世。

张某荣在事业巅峰、人生壮年时突然自杀离世，令

人震惊、唏嘘之余大惑不解。他选择 4 月 1 日（愚人节）结束生命，是不是在暗示：人生就是一场游戏，每个人都是被命运操控的棋子？究竟是什么原因使他毅然决然地从 24 楼纵身跳下，抛下他挚爱的电影、音乐事业和家人、朋友与亿万粉丝？是已臻化境进无可进的沮丧？是高处不胜寒的孤寂？是与众不同的性取向招致的压力和非议？是入戏太深？还是不堪忍受抑郁症的折磨？抑或是深刻体会到人生的无意义感？又是什么力量使吃苦耐劳老实本分的杨某兰杀死自己的亲生儿女后自杀？是绝对贫穷导致的生活困境？是日复一日的繁重劳作使她精疲力竭身心崩溃？是不想让孩子再重蹈自己的苦难生活？是家庭矛盾日常琐事使她不堪忍受？还是取消低保和村里人的"欺负"带来的彻底绝望？抑或是心理疾病的驱使？

张某荣和杨某兰看起来毫无共同之处，一个在社会金字塔的顶端，一个在社会的最底层。但他们选择了同样的方式——自杀——提前终结了自己的生命。这中间必然有某种共同的因素或内在的联结。

人为什么会自杀？一如加缪（Camus）所言，这是唯一真正严肃的哲学问题，这也是最值得探讨的实践问题。

讨论：自杀原因研究

2007年10月15日，法国作家、艺术家、摄影师爱德华·勒维（Édouard Levé）在交出书稿《自杀》10天后自杀，年仅42岁。他的行为被解释成是其寻求的完美途径，自杀行为被美化——"与其在生命中承受不安与痛苦，不如在死亡里享受宁静与安睡"。[1]这种描述可能多少让读者不禁倒吸一口凉气：不知是该佩服他对死的勇敢还是鄙视

———————

〔1〕［法］爱德华·勒维：《自杀》，王明睿译，上海人民出版社2013年版，第94页。

他对生的逃避。一个人为什么会想到自杀？要经过多少时间来克服对自杀的恐惧？产生自杀念头与最终实施自杀行为这个过程中间到底发生了什么？自杀到底是出于一个人的无计可施还是实现掌控自我或他人的最终挣扎？自杀，是因为选择一了百了的逃离而可耻、懦弱，还是因能够面对死亡的恐惧而美丽、勇敢？这些问题似乎从来没有统一、标准的答案。

有关自杀的研究主要集中在社会学和心理学领域。埃米尔·迪尔凯姆于1897年发表的《自杀论：社会学研究》是社会学的经典之作，开创性地提出了自杀可能不仅仅是由于个人因素，更源于社会因素，并引用或提出了社会团结、社会整合、失范等自杀解释的经典概念。西格蒙德·弗洛伊德（Sigmund Freud）提出人的本能之一就是死亡——塔纳托斯（Thanatos，古希腊神话中的死神）——表现为人的求死欲望。斯蒂文·斯坦克（Steven Stack）回顾了1981年至1995年间130项包括探讨社会整合、社会调节和经济发展与自杀关系的社会学研究，提出文化和经济是预测自杀率的重要因子。克朗斯基和迈（Klonsky & May）在2015年提出了自杀的三步理论（3ST）：产生自杀意念、强化自杀意念、实施自杀行为，而自杀的原因是：痛苦、绝望、联结感弱和具备自杀能力。

托马斯·乔伊纳（Thomas Joiner）是美国自杀问题研究专家，他从父亲在其早年时自杀这段经历出发，基于翔实而客观的数据，从心理学、生物学、社会学等角度提出了构成自杀危险的三大要素。这三大要素可以解释大部分自杀行为：

1. 负担感

一个人如果对环境、身体、未来失去控制，就可能产生绝望、无助、无权感，因而转向自杀。BBC 纪录片《如何死亡：西蒙的选择》（*How to die：Simon's choice*）的故事主角是 57 岁的西蒙。他家庭美满、事业成功，结果被诊断为患有运动神经元病（Motor Neurone Disease），即渐冻症。该片记录了他从决定自杀、生活完全不能自理到最终执行安乐死的全过程，里面的一句话或许能很好地解释他为什么会选择死亡："I would genuinely rather die than be unmanly（我真的宁愿死，也不愿不像个男人）。"对他而言，如果毫无生活自理能力，若无法像个正常男人一样负起家庭的责任，反而成为家人的拖累，那么他就无法继续活下去。

2. 归属感受挫

归属感是人类的基本需求之一，每个人都需要与他人的联结、合作。个体心理学创始人阿尔弗雷德·阿德勒（Alfred Adler）把孩子问题行为发生的心理动机分为五个阶段：①如果没有家长或老师的称赞就没有行动的积极性；②通过上课捣乱、搞恶作剧等引起关注；③通过争吵、抽烟、偷盗等行为向父母或老师的权力发起挑战；④故意实施自残、参与犯罪等行为，通过伤害自己让他人产生厌恶或愧疚进而达到复仇的目的；⑤不做任何努力，自暴自弃，以便让身边的人不再对自己产生任何期待，证明自己是无能的。阿德勒认为这五个问题行为的背后都是为了寻求归属感。也就是说，如果一个孩子实施了自残行为，这与他归属感的缺乏有关。成人也类似，如果一个人不能从某个珍视的团体或一段宝贵的人际关系中获得归属感，自杀危险就有可能会升高。

3. 自杀能力

自杀需要力量和勇气才能克服恐惧与疼痛，给自己施加相当程度的伤害，而这种力量和勇气都是逐渐积累的。假设一个人长年有身体疼痛、失眠，或是有自残或受虐待经历，那么他/她在忍受疼痛的过程中，就可能逐渐积累了实施自杀的能力。

对于一个人为何自杀，普遍接受的观点是由于失业、社会孤立、精神疾病、药物或酒精滥用等而引发的压力、痛苦、绝望感。不过，总体而言，有关自杀的原因还是没有一致的结论，仍需持续研究。

问题二：罪犯为什么会自杀

案例1：赵某，27岁，盗窃罪，刑期7年。在入狱服刑第二年收到妻子想要与其离婚的信件，虽经民警的谈心谈话、引导教育，仍无法摆脱悲观、无助的情绪和严重的心理压力。在某日下午劳动过程中，趁人不备，用凳子砸向车间玻璃，随即捡起掉落地上的三角状玻璃碎片插刺颈动脉，致大出血。经抢救无效，死亡。

案例2：钱某，36岁，贩卖毒品罪，刑期9年。在入狱两个月后得知母亲病重，情绪一直比较低落。针对这种情况，汪某所在监区安排其拨打亲情电话，结果在电话中得知其母亲刚刚病逝，当即情绪失控，用头撞墙，经医治后无大碍。1个月之后的某天下午，在出工路上，汪某冲出队伍，钻进正在厂区行驶的运料卡车车轮下，当场死亡。

案例 3：孙某，35 岁，绑架罪，刑期 11 年。入狱两个月后与妻子办理了离婚手续，一直心情较差，情绪低落，对考核分数毫无所谓，经常与同犯发生争执，有时甚至会顶撞、辱骂民警。一次因违规被扣 3 分，自认为是民警有意针对，要"搞他"。某天夜里，用事先准备好的玻璃碎片在被窝里割腕，并用衣服被子等缠裹出血口。当同寝犯人发现血迹时，为时已晚。经抢救无效，死亡。

案例 4：李某，35 岁，盗窃罪，刑期 8 年。在入狱服刑一个月后，提审人员确定其有余罪，郑某得知即将会被押回重审，情绪激动。某日上午，在例行体检测量体温过程中，将体温计吞入腹中，被及时发现送医治疗，获救。

通过阅读以上 4 例罪犯自杀简报，我们可以发现这几个罪犯实施自杀的真实原因可能不尽相同，但似乎都与遭遇负性事件有关，比如与配偶的离异、母亲的离世和被加刑的可能。罪犯因犯罪被判入狱后会因为各种因素而感到痛苦，而遭遇的负性事件是否成为"压死骆驼的最后一根稻草"？但另外一方面，还有很多遭遇类似配偶离异等负性事件的罪犯并没有实施自杀行为。那么，罪犯自杀的原因主要是个体差异吗？

讨论：罪犯自杀原因研究

一方面，由于监狱的高墙电网和严密监控，罪犯实施自杀的"条件"更为"不便"；另一方面，由于监禁本身给罪犯带来的内在压力，例如，选择受限、控制权减少、未来渺茫，罪犯更容易产生无助感，自我伤害成为罪犯情绪难以调节时的一种选择，甚至是唯一选择。法泽尔（Fazel）等使用荟萃分析方法对 24 个高收入国家各自的研究报告分析后发现：每 10 万名在押罪犯中有多达 180 人自杀死亡；在 2013 年 – 2017 年期间，男性罪犯的自杀率是普通人群的 3 – 8 倍，而女性罪犯的自杀率则高出普通人群的 10 倍以上。值得注意的是，罪犯的自杀比率近年来似乎一直呈上升趋势。例如，2016 年英格兰和威尔士的监狱自杀率达到了 1999 年以来的最高水平。[1]

更清楚地了解导致风险升高的原因有助于发现和设计出更加有效的防控自杀举措。为此，许多国家将预防罪犯自杀的具体内容纳入国家战略之中。国内外

---

〔1〕 S. Fazel, M. Grann, B. Kling, K. Hawton, "Prison suicide in 12 countries: An ecological study of 861 suicides during 2003 – 2007", *Social Psychiatry and Psychiatric Epidemiology*, 2011, pp. 191 – 195.

学者运用跨学科方法从生理、心理、社会维度分析为什么一些罪犯比其他罪犯更容易自杀。例如，威克曼（Wichmann）等采用对照组和实验组的方法比较了 731名有过自杀企图的罪犯和 731 名随机挑选、无自杀史的罪犯，发现有过自杀企图的罪犯往往刑期在 10 年以上，犯罪类型多为盗窃、抢劫和谋杀，存在监狱适应困难、有家族自杀史、近期因死亡或离异而失去重要爱人等问题。[1]科瓦斯内（Kovasznay）等分析了纽约监狱的相关数据以及 1993 年到 2001 年期间共 40 起曾经在服刑期间接受过精神健康服务却最终自杀死亡的罪犯尸检报告，发现自杀危险因子有物质滥用、以往服刑期间自杀史、监禁前精神健康治疗、近期的负性事件、违纪行为以及焦虑等。[2]钟（Zhong）等分析了 27 个国家对 35 351 例自杀罪犯的 77 项研究，发现与自杀相关的最强临床因子是服刑期间的自杀意念、自杀未遂史和当前的精神病诊断。[3]巴克（Barker）等将与自杀相关的风

---

〔1〕 C. Wichmann, R. Serin, L. Motiuk, "Predicting Suicide Attempts Among Male Offenders in Federal Penitentiaries", 详见 https://www.csc-scc.gc.ca/research/092/r91_e.pdf, 最后访问日期：2023 年 5 月 9 日。

〔2〕 B. Kovasznay, R. Miraglia, R. Beer, "Reducing suicides in New York State correctional facilities", *Psychiatric Quarterly*, 2004, pp. 61 – 70.

〔3〕 S. Zhong, M. Senior, R. Yu, A. Perry, K. Hawton, J. Shaw, S. Fazel, "Risk factors for suicide in prisons: A systematic review and meta-analysis", *The Lancet Public Health*, 2021, pp. 164 – 174.

险因子划分为四大类[1]：

（1）人口学风险因子，如年轻男性、有前科、受教育程度低、单身等。丹尼尔（Daniel）的研究也发现监狱中自杀的罪犯中有一半以上在25岁-34岁之间、单身、没有工作或家庭支持。[2]

（2）临床风险因子，如精神问题史、家族精神问题史、家庭功能紊乱、精神障碍诊断等。

（3）社会心理风险因子，如应对技能差、生活压力事件、以往自杀未遂史、面临新的指控或定罪、感到羞耻或内疚等。

（4）机构风险因子，如过度拥挤、被霸凌和骚扰、近期受纪律处分、被判无期、监管不足、单独监禁等。

法夫里尔（Favril）等基于1972年-2020年20个国家，共663 735名在监狱服刑期间实施过自残自杀行为的研究，发现被判超过5年或服无期徒刑会使自杀的几率增加一倍，在监狱自杀身亡的人中一半有自残史，许多人在自残后一个月内再次实施自杀并死亡，其将主

---

〔1〕 E. Barker, K. Kõlves, D. De Leo, "Management of Suicidal and Self-Harming Behaviors in Prisons: Systematic Literature Review of Evidence-Based Activities", *Archives of Suicide Research*, 2014, pp. 227 - 240.

〔2〕 A. E. Daniel, "Preventing Suicide in Prison: A Collaborative Responsibility of Administrative, Custodial, and Clinical Staff", *The Journal of the American Academy of Psychiatry and the Law*, 2006, pp. 165 - 175.

要自杀影响因子分为 5 类，详见表 1 – 1。[1]

表 1 – 1　自杀影响因子表

历史生活事件	性虐待（18 岁之前）、自残自杀史
人口学因子	无家可归、入狱前失业、年龄小于 30 岁
犯罪学因子	暴力犯罪、监禁史（被判超过 5 年或服无期徒刑）
临床因子	自杀想法（尤其是最近一个月）、自残自杀史、最近的精神疾病诊断（尤其是抑郁、边缘型人格障碍）
监禁因子	单独监禁、违纪行为、服刑期间遭遇性或身体伤害

　　相比于西方的研究，我国采用实证方法分析罪犯自杀原因的研究较少。龚道联把罪犯实施自杀行为的理由归结为没有安全感、失去社会归属感、痛苦的煎熬、生活单调、无挑战性、环境、药物、特定动机、精神障碍等风险因子。孔一对浙江省 35 名自杀既遂罪犯和 56 名自杀未遂罪犯数据进行统计分析后发现：既遂和未遂不只是两种结果不同的自杀，而是在一开始就分属于不同的自杀类型。既遂自杀跟目的型自杀相关联，未遂自杀与手段型自杀相关联。与

---

〔1〕 L. Favril, R. Yu, K. Hawton, S. Fazel, "Risk factors for self-harm in prison: a systematic review and meta-analysis", *The Lancet Psychiatry*, 2020, pp. 682 – 691.

既遂自杀相关的因子有：文化程度低、入监时间短（50%
的自杀既遂罪犯已服刑期不到应服刑期的 18%）、青壮年
（26 岁 – 47 岁）、犯故意杀人罪、刑期长；与未遂自杀相关
的因子有：有前科、（入狱前）无业、文化程度低、刑期
长。综合而言，罪犯自杀的深层次原因是：从个体层面看，
是案主现时的痛苦和来世的无望；从社会层面看，是案主
社会整合程度的减弱——社会网络的萎缩与断裂以及因入
狱导致社会地位的骤然下降。

　　至此，我们尚难断定是什么原因导致某个罪犯自杀
或哪个风险因子会触发罪犯自杀，但比较明确的是：罪
犯的自杀率之所以高于一般人群，主要是由于入狱以前

就存在的自身脆弱性和入狱后监禁情景的相互影响、交互作用。结合国内外相关研究与我们的问卷调查和深度访谈，发现与罪犯自杀率之间存在相关关系的入狱前风险因子包括：有家族自杀史（三代以内直系亲属）、确诊有抑郁症（医学标准）、物质滥用史（吸毒成瘾、经常酗酒、药物依赖等）、曾经受躯体或性虐待等。入狱后的风险因子则包括：

（1）监狱环境适应困难。第一次入狱与自杀危险增加密切相关，对于那些没有监禁史的人而言，在入狱的最初几天或几周内，自杀危险往往更高（Tomaszewska，et al.，2019）。[1]但是，这并不意味着自杀危险低的人就不会实施自杀，因为自杀危险在罪犯入狱服刑期间并非稳定不变，而很可能因为各种因素的介入而升高或降低。

（2）监禁的不确定性。不服判决的罪犯，如果上诉"无门"或是结果不利，或是有余罪待审查，因此而产生的绝望感就会增加，从而导致自杀危险上升。例如，钱某，刑期10年，在入狱服刑期间一直遵规守纪，后来认为法院对自己判罚太重，想请律师打官司，向其父亲和哥哥提出要借几万元急用，但却不肯说明用途。由

---

〔1〕 M. Tomaszewska，N. Baker，M. Isaksen，E. Scowcroft，"Unlocking the evidence：Understanding suicide in prisons"，详见 https：//media. samaritans. org/documents/Samaritans_ PrisonsDataReport_2019_ Final. pdf.，最后访问日期：2023 年 7 月 4 日。

于其家里经济条件非常差，被拒绝，后跟同监舍罪犯借钱，并承诺等他打赢官司出去后就会打工还钱，同监舍罪犯没有明确表态。几天后钱某实施了自杀。

（3）制度和监狱条件。德国社会学家马克斯·韦伯（Max Weber）认为人是悬挂在自己编织的意义之网上的动物。如果只有简单、重复、枯燥的生活，而缺乏有意义或能让罪犯感受生命力的活动，罪犯自杀危险就可能增加。而民警管理不力或是与之产生冲突矛盾，或是同犯恶意骚扰等，也可能让罪犯产生自杀意图。

（4）单独监禁。"监禁本身引起了十分强烈的自杀倾向。"[1]罪犯被逐出了主流社会，那些在社会中不是问题的小事，在监狱中都可能被放大，而单独监禁会加剧与他人的"隔离感"，使自杀危险进一步提升。

（5）负性事件。如果家庭发生变故，如丈夫或妻子提出离婚、男朋友或女朋友提出分手、父母或子女发生疾病或死亡等，罪犯可能因无法陪伴在旁也无力解决实际问题而引发挫败或无力感，产生厌世情绪。

（6）身体患病。有的罪犯会因为长期患病，感受到明显或隐约的身体疼痛，因而想到"长痛不如短痛"。例如，某女犯一直患有高血压、白内障、青光眼和神经

---

[1] ［法］埃米尔·迪尔凯姆：《自杀论》，冯韵文译，商务印书馆2011年版，第376页。

性耳聋，多次因头晕或其他身体不适被送监狱医务室就诊。后又犯脚抽筋，需要经常起身走动。该犯在某天凌晨因脚抽筋起身走动，被夜班违纪巡更人员多次提醒回床位睡觉，后坐在床上从棉裤中抽出牛筋套在自己脖子上，幸被及时发现并制止。该犯自述"年纪大了，全身都是病，活着很难受，所以想到了自杀。"

维克托·迈尔－舍恩伯格（Viktor Mayer-Schönberger）在《大数据时代》中提出：大数据时代，人们应放弃对因果关系的渴求，转而关注相关关系；没有必要非得知道背后的原因，相关关系能够帮助我们更好地了解这个世界。也正因为此，越来越多的罪犯自杀研究集中于找到与罪犯自杀危险存在相关关系的因子，并以此为起点设计评估工具、管控和矫正手段。

问题三：罪犯自杀有哪些类型

案例 1：张某，47 岁，故意杀人罪，被判死缓，限制减刑。因被害人是自己的亲弟弟，张某犯罪后极度悔恨、自责。入狱 2 年期间，其父母、姐姐从未探视，也没有电话、信件和包裹。张某一直情绪低落，很少与人讲话。监区综合研判后将其列为"自杀危险分子"进行重点防控。某日，在劳动现场，张某突然冲向附近的工作台，拿起工位上的制衣剪刀，扎进自己的胸口。幸亏扎伤不深、抢救及时，没有造成死亡后果。此后，包括在医院治疗期间，张某数次实施自杀行为。在谈话教育、心理辅导等均无效的情况下，监区对其使用约束带进行了物理防控。经过近两周的反复教育疏导后，张某表示"不再实施自杀、想好好活下去"。解除约束后 3 周，张某表现积极、超额完成生产任务，并开始主动与民警和同改交流。一个月后的某日下午，张某冲出上工队伍，快速奔向近旁一辆行驶在厂区里的运料卡车，一头钻到车轮下，当场死亡。

案例 2：李某，35 岁，强制猥亵罪，刑期 3 年。服刑期间有骚扰其他罪犯行为，民警也注意到李某可能有同性恋倾向。某日，李某被同寝室犯人举报有骚扰、猥亵行为，但在民警对其进行个别教育谈话时，李某对民警进行谩骂、威胁。此后，在监区领导介入处理时，李某坚持要求处理"诬告"他的犯人，还要求相关民警当众赔礼道歉、恢复其"名誉"。在遭到拒绝和批评后，李某以头撞墙，并公开扬言"不恢复我名誉，就死给你们看"。在此后的几个月里，李某多次实施撞墙、割腕、绝食等极端行为。

案例3：王某，53岁，诈骗罪，刑期5年。服刑期间，王某故意不完成生产任务，制造大量残次品，并屡次编造身体疾病等各种理由要求调换劳动改造岗位。在遭到拒绝、欲求不满的情况下，数次实施自伤自残行为，并扬言要自杀。某夏日劳动收工回来，罪犯陆陆续续到工具房放工具。王某先进入工具房，跟在后面的钱姓犯人刚到工具房门口，突然一阵大风吹来，吹走了钱某的草帽，等钱某捡回草帽进入工具房时，发现王某吊在房梁上，虽然马上采取了急救措施，但为时已晚。最终，王某经抢救无效死亡。

以上3个案例中，张某、李某和王某的"自杀"是否属于同一类型？他们三者有什么相同和不同之处？这3例自杀依据不同分类标准是否可以划分为几种不同的类型？自杀类型的划分对于罪犯自杀防控有什么实践意义？

讨论：罪犯自杀类型探讨

从以上案例材料看，张某、李某和王某的自杀属于不同的类型。三人自杀的原因、动机，手段、结果、自杀者对死亡结果的主观态度各有差异。综合有关罪犯自杀的相关经验知识，我们可以依据不同的标准将罪犯自杀分为以下三类：

（1）根据自杀的功能：目的型、手段型和手段失控型自杀。

目的型自杀以"求死"为最终目的，案例1中的张某为其典型。"不再实施自杀、想好好活下去"这样的话语可以推断是其为解除物理防控的"缓兵之计"，实际是为了麻痹民警，为其下次实施自杀创造条件。手段型自杀是把自杀当作要挟、谈判或制造麻烦的手段，以达到其他目的（如报复民警、调换改造岗位、引起家人关注等），案例2中的李某为其典型。手段失控型自杀是指原本欲以自杀为手段达到其他目的，但由于罪犯意志以外的原因导致自杀行动不能及时中止而导致的死亡。案例3中的王某明知钱姓犯人就在其身后，即使因为捡帽子暂时离开，应该很快就会回来"打断"他的自杀行为，因此实施了"自杀"行为，可以归为此类。

（2）根据自杀者对死亡结果的主观态度：追求型、规避型和放任型自杀。

追求型自杀是指自杀者积极追求自杀死亡的结果、想方设法促成死亡结果的发生。规避型自杀是指自杀者故意制造自杀事件，但竭力避免死亡结果的发生。放任型自杀是指自杀者对于死亡结果既非积极追求，也非竭力避免，而是采取一种消极怠慢、听之任之的态度；这种态度表现出一定的随机性和权变性，会因为外在环境或情景的变化而发生改变，倒向某一个极端：追求死亡或避免死亡。

（3）根据自杀的自控程度：完全可自控型、部分可自控型和完全不可自控型自杀。

完全可自控型自杀指的是自杀者在实施自杀行为时具有充分的认知和意志决定，有明确的计划和目的，并能够在任何时候中止或改变自杀行为。在这种情况下，自杀行为可以被视为自主选择的结果。部分可自控型自杀是指自杀者在实施自杀行为时具有一定程度的认知和意志决定自由，但受到某些限制或干扰，比如因内心冲突，而无法完全中止或改变自杀行为。这种情境的自杀行为可以说是对死亡处于矛盾和困惑的结果。完全不可自控型自杀指自杀行为发生时，个体几乎没有任何自主选择和控制的能力，比如个体正处于极度的心理或生理困境中，可能是情绪爆发，或是精神疾病等原因引发的失控状态，因而无法理性思考，作出明确的决策。因被害妄想而自杀的人就属此类。

关于自杀的分类存在较大争议，比如实践中民警一般会根据罪犯实施自杀的时间、地点和采用的手段判断其是否确实有"求死"的意图。即使有罪犯因手段失控型自杀而死亡，也毕竟是小概率事件，因此那些没有求死意图的"自杀"行为除了给民警增加监管麻烦之外并不会产生严重后果。但是，也有观点认为这种分类没有太大意义，因为如果罪犯会为了威胁、报复等目的实施自残自杀这样的极端行为，说明他们至少承受着情感失衡的困扰，因而需要特别关注。海科克（Haycock）认为，没有可靠的证据能够区分手段型（或操控型）自杀和那些真正以死为目的的自杀（如案例3中的王某）。[1] 另外如果罪犯曾经对自己的身体实施过伤害，可能会获得前述的"自杀能力"，使他们更加清醒地意识到自己能够承受这种痛苦并积累再次伤害自己的感受和体验。可以说，"最开始轻微的自我伤害是致命自残的前奏"。[2]

问题四：对罪犯自杀有哪些错误认识

1. 自杀是罪犯逃避责任的行为

罪犯在服刑期间面临各种压力和困境，例如，与其

---

〔1〕 J. Haycock, "Listening to 'attention seekers': The clinical management of people threatening suicide", *Jail Suicide Update*, 1992, pp. 8–11.

〔2〕 ［美］托马斯·乔伊纳：《为什么要自杀》，曹梦琰、潘千译，中国致公出版社2015年版，第2页。

他罪犯的冲突、长期离家、家庭关系破裂以及心理健康问题等。有观点认为，一些罪犯是选择自杀这种极端方式，以"解决"他们所面临的问题、责任和惩罚。

2. 罪犯自杀是他们应得的报应

由于罪犯犯下了危害他人生命或财产安全的罪行，当罪犯选择自杀时，有观点认为这是一种正义的实现，就应该让罪犯感受、经历他们曾经给别人带去的伤害和痛苦。

3. 社会并不关注罪犯自杀

有观点认为，社会舆论对罪犯自杀的关注度相对较低。一方面，罪犯所犯下的罪行常常被社会谴责，导致其犯罪行为——而不是其精神健康和福祉——更受关注；另一方面，由于罪犯在监狱中被关闭、隔离，与大多数人生活在不同的环境中，所谓"眼不见，心不烦"。这也导致了社会对罪犯自杀问题的较低关注度。

4. 罪犯自杀是不可阻止的

有观点认为，就像有的罪犯通过撞墙的手段自残自伤。但是，监狱总不能把墙给拆了，所以罪犯自杀无法避免。

5. 罪犯自杀都是可防可控的

有观点认为，防止罪犯自杀是监管单位的重要职责，也就是"人在你这里，如果自杀身亡，要么是受到迫害，要么就是监管不力。总之，就是你如果好好管了，就不会发生罪犯自杀事件"。

6. 自杀的人都是有精神病

有观点认为，自杀行为即精神疾病或无理性的疯狂行为。

7. 如果自杀未遂者承诺"不再自杀"，他/她就不会再自杀

有观点认为，自杀未遂者如果愿意承诺"不再自杀"，就意味着他们已经尝到了自杀的"苦"或是重新找到了活着的意义，因而下定决心不会再尝试自杀。

8. 扬言自杀的罪犯不会真的实施自杀

有观点认为，扬言自杀是想引起他人的关注或获得某种利益，他们并不是真的想自杀。

9. 和有自杀危险的罪犯谈论自杀会加快他们自杀的进度

很观点认为，"自杀""死亡"等话题是一个禁忌，最好不要与可能有自杀意图的人谈论自杀，否则就是在"提醒"他们自杀。

讨论：正确认识罪犯自杀

正确理解罪犯自杀问题，可以帮助我们消除误解和偏见，促进更加全面和有效的自杀防控。

1. 自杀通常是精神健康问题和心理压力的结果

如果一个罪犯试图自杀，可能表明他/她正在经历或经历了严重的心理困扰、绝望和无助感，而不一定是因为想要逃避责任。

2. 将罪犯自杀视为一种应得的报应是对其人权和生命价值的忽视

自杀不是罪犯应得的惩罚，而是一个社会问题，需要提供支持和干预来预防和处理。

3. 罪犯自杀不仅是个体生命的丧失

罪犯自杀不仅仅是其个人和家庭的悲剧和痛苦，也对在场和周围的罪犯、直接管理的民警等产生严重的负面影响。在每一起自杀死亡事件的背后，有约 15 – 30 人受其深刻影响（Cerel，et al.，2019）。[1]

4. 虽然罪犯自杀危险较高，但并不意味着它是不可预防的

施奈德曼（Shneidman）提出自杀并没有那么奇怪，也不是不可理喻的行为，自杀者运用特殊的逻辑思维方式，得出了死亡是解决问题唯一方案的结论。[2] 而这种思维方式是可见的，只要我们找对方向，就能采取一系列步骤减少自杀行为的发生。

5. 大部分罪犯自杀是可防可控的，但不是所有罪犯自杀都是可防可控的

有的罪犯自杀是受关键事件和情景因子的影响，自

---

〔1〕　J. Cerel, M. Brown, M. Maple, M. Singleton, J. van de Venne, M. Moore, C. Flaherty, "How many people are exposed to suicide? Not six", *Suicide and Life-Threatening Behavior*, 2019, pp. 529 – 534.

〔2〕　E. Shneidman, "Definition of Suicide", *New York*: *Wiley-Interscience*, 1986, p. 263.

杀行为实施前的及时干预可以帮助他们放弃自杀意愿。但是有的罪犯自杀原因则是根源性的，罪犯一心求死，除非他们不被允许有任何自主活动，否则即使 24 小时被监控、包夹，也难以避免他们找到自杀机会、实施自杀行为。这一客观认识有助于反思监狱绝对安全模式下对民警的"无限责任追究"。

6. 不少试图自杀的人的确患有精神障碍

有的罪犯患有抑郁症、精神分裂症和酒精相关精神障碍等。但是，不能一概认为自杀是一种"精神疾病"或"无理性的疯狂的行为"。对大多数实施自杀的罪犯而言，自杀是他们当时所能采取的最后选择（也是深思熟虑的结果）。

7. 不要轻信那些自杀未遂者"不再自杀"的承诺

自杀意念的强度上下起伏，很多试图自杀或实施自杀的人都会摇摆不定、犹豫不决。此时的决定或承诺，完全可能在彼时被推翻。大多数自杀发生在"改善"开始后的 3 个月内。

8. 不要认为那些扬言自杀的罪犯不会真的实施自杀

扬言是一种威胁，是一种试探，也可能是其在踌躇纠结、孤独无助时向外界发出的询问和求援。此时需要及时介入、果断干预，而不能袖手旁观，更不能讥讽嘲笑。

9. 不要认为和试图自杀的罪犯谈论自杀会导致他们更快地采取自杀行动

如果罪犯说出了他的自杀计划，我们的认真倾听和足够关注就可能帮助他们重新获得控制感，放弃自杀。

| 第二章 |

评估自杀

人只要还没有亡故，就是向死的方向活着。这个存在者的一生贯穿着走向死的整个过程，这个过程是先于亡故的存在形式。在这个向死的过程中，人能真实地感受到自我的强烈存在感，自己在这个向死的过程中"在场"。

——海德格尔

问题一：什么样的罪犯会实施自杀

李某，有父亲、哥哥和姐姐，母亲在其一岁时过世。在访谈过程中不愿透露其母亲死亡的具体原因，并对其母亲是否因病过世予以否认。教育程度是小学，后一直在外打工。自述曾经因跟朋友一起入室盗窃而被判9个月，此次因缺钱"走投无路"而实施抢劫，刑期为4年，在入狱后一个月内开始绝食。以下为其入狱后一年的访谈节选（以下所有对话中的"答"者为李某，"问"者为访谈员）：

答：（叹气）我天天感觉很烦。

问：很心烦，烦什么呢？主要在烦什么？

答：我也不知道，我脑子里面一天在想什么，越想越难受。

问：想到什么会特别难受一点？

答：我也不知道我在想什么。

问：那几天不吃饭，当时是怎么想的？

答：当时我也不知道，我也不知道怎么想的。

问：没有想过。饿肚子也很难受的。

答：不是，我感觉也不饿，感觉一点都不饿。

……

问：学不进去是因为觉得太难了，还是因为心烦静不下心来学？

答：怎样做都是错的，做不好。心烦。

问：嗯。

答：我一做不好，我就觉得很烦，很火大。

……

问：那到现在的话，就要到一年了，爸爸或者哥哥、姐姐有没有来看过你？

答：没有。我也不想他们来看我。

问：联系过吗？

答：前一次在入监队打过两次电话，但都没说话，也不知道说什么，也说不出来。

问：打给谁的？

答：电话是我哥哥，我爸不会用电话的。

问：你打给你哥哥的？

答：嗯。

问：那你哥哥说什么没有？

答：也没有说什么，然后我刚刚入监的时候，脑子里面也不知道自己要干啥，要做啥。有四五天没有吃饭，后面就打了电话回去，我也没有说话，这里的领导通知他们说在里面不吃饭，什么什么，我忘了。

问：那哥哥怎么说呢？

答：他们就跟我说一句，问我是不是不吃饭，我也不知道说什么，也说不出话来。

仅从李某的相关背景信息出发，很难预先判断他是否会实施自杀行为。其一，虽然他在绝食时刚刚入狱一个月，可能存在因为不适应监狱生活而实施自杀的可能性，但是考虑到他的入狱史，他应该不会像初次入狱的罪犯那样因为"初来乍到"而茫然、恐惧。其二，根据其背景信息，可以判断其家境不太好，但是正在入狱服刑的很多罪犯也来自低收入家庭，为什么他们没有实施自杀，但是他却会实施绝食的行为？其三，他的家人关系似乎并不算太亲密，否则也不至于他入狱一年后还没有一次亲情会见——但是作者曾访谈的其他罪犯中，一些不仅仅是没有亲情会见，甚至父母双亡的罪犯也没有实施自杀。

那么，到底具备什么特性的罪犯会实施自杀呢？民警该如何利用第一章中讨论过的入狱前和入狱后风险因子来判断罪犯自杀风险，一个罪犯的自杀风险高低是按风险因子的数量多少来计算吗……这些问题的解决可以借助于罪犯自杀危险性评估——用被研究/实践所证实的显著影响罪犯自杀的因子去预测某个罪犯即将（今后）实施自杀的可能性，而罪犯自杀危险性评估的核心是评估工具的研制和应用。

讨论：罪犯自杀危险性评估工具

在监狱有限的时空中，罪犯被同犯和民警"包围"，虽然增加了实施自杀的难度，但如果发生一起自杀企图或是死亡事件，会有更多的罪犯和民警身处"案发现场"，目睹、感受、听闻该事件，"逃无可逃"。为了预防和减少自杀行为及其带来的负面影响，筛查、识别有自杀危险的罪犯已经成为各国监禁机构的标准程序。罪犯自杀危险性评估工具就是把各种影响罪犯自杀发生概率的因子拣选出来，按照一定规则进行编排和计分，并根据相关计算结果划分危险等级分数区间且赋予定性意义（如高、中、低）的系列问题组合或表格。

1. 国外自杀危险性评估工具

自 1928 年伯吉斯（Burgess）开发假释危险性评估量表以来，罪犯危险性评估工具的开发历史已有近 100

年。[1]截止到 2024 年，虽然还没有适用于刑事司法系统的标准自杀危险性评估工具，但是为了识别①与自杀危险相关的症状、信号②一个人生存或死亡的动机或决心③自杀的风险和保护因子，各国监狱都努力通过使用自杀危险性评估工具量化一个人的自杀意图强烈程度，进而加强风险管理并最终预防自杀。

自杀危险性评估根据评估方法可以分为自评（被评估者自我报告，口头、书面或在电子设备上做选题或提供答案）和他评（由心理学家、社会工作者、临床医生或心理健康专业人员观察或访谈被评估者）。有的监狱会使用社会上已经比较成熟的自杀危险性评估工具，比如 SSI、C‑SSRS，此外有的监狱倾向于使用自己开发的罪犯自杀危险性评估工具，或者改编、修订社会上成熟的评估工具。具体如下：

（1）SSI（Scale for Suicide Ideation，Beck）是测量实施自杀态度、行为和计划严重程度的他评量表。该量表的每个项目有 3 个选项，评分在 0 到 2 之间，总和评分为 28，属于被广泛使用的自杀意念评估量表。

（2）C‑SSRS（The Columbia-Suicide Severity Rating

---

[1] E. W. Burgess，"Factors determining success or failure on parole"，in A. A. Bruce ed，*The workings of the indeterminate sentence law and the parole system in Illinois*，1928，pp. 221 – 234.

Scale）是通过一系列非专业人士也可以提出的简单、通俗易懂的问题来进行自杀危险性评估。问题的答案可以帮助确定某人是否有自杀危险、该风险的严重程度和即时性以及其需要的支持水平。

（3）JSAT（The Jail Suicide Assessment Tool）是由美国联邦监狱管理局精神健康专家开发，针对在押成年罪犯设计的结构性自杀危险性评估访谈量表。JSAT的24个组成部分涵盖了与罪犯自杀危险普遍相关的因子，主要分为五大类：心理健康、身体问题、人格和情绪状态、社会支持和其他情境。

（4）SBQ（the Suicide Behaviors Questionnaire）是测量自杀想法和行为的一种自评工具。问卷使用李克特量表来测量自杀意念的频率、自杀想法的表达以及实际自杀企图的态度和期望。随着内部一致性和重测信度的提高，SBQ的共时效度已得到很好的证实。该评估量表经过改编成为半结构化的他评量表后被广泛用于对罪犯自杀危险的评估，一般被称为"监狱自杀行为访谈"（PSBI）。

（5）SPS（The Suicide Probability Scale）虽然最初不是为罪犯群体设计，但通过评估大量罪犯样本并将他们的结果与未来10年的现实行为进行比较，验证了该工具较高的预测有效性。使用SPS一般需要20分钟左右，对于监狱内的各类情况而言，如果在新犯入监时使用可能会被认为耗时太长，因此主要用于服刑期间的自杀危险性评估。

（6）VISCI（The Viennese Instrument for Suicidality in Correctional Institutions）的开发是为了解决现有的危险性评估工具主要由精神病学专业人员使用这一问题（Frottier，et al.，2009）。[1]该工具可以改善对自杀高风险罪犯的识别和管理，评估内容包括犯罪史、监禁史、就业史、精神病诊断/干预、药物使用和依赖、自杀意念等。

（7）SCOPE（Suicide Concerns for Offenders in Prison Environment tool）由佩里和奥拉森（Perry & Olason）开发，弥补了英国自杀筛查工具的短缺。[2]它验证了男性和女性罪犯不同的自残自杀预期风险。不过，研究者承认该工具的最初样本是有限的16岁－22岁的小样本，如果将该工具用于对成年罪犯群体的自杀危险性评估，可能存在问题。

2. 国内自杀危险性评估工具

目前，国内的罪犯自杀危险性评估工具有如下优点：

---

〔1〕　P. Frottier, F. Koenig, M. Seyringer, T. Matschnig, S. Fruehwald, "The distillation of 'VISCI': towards a better identification of suicidal inmates", *Suicide Life Threat Behavior*, 2009, pp. 376 – 385.

〔2〕　A. E. Perry, D. T. Olason, "A New Psychometric Instrument Assessing Vulnerability to Risk of Suicide and Self-Harm Behaviour in Offenders: Suicide Concerns for Offenders in Prison Environment (SCOPE)", *International Journal of Offender Therapy and Comparative Criminology*, 2009, pp. 85 – 400.

①与以往仅靠少数民警的经验判断不同，是对罪犯自杀可能性进行批量化和精细化的预测和判断；②与以往传统个别教育手段不同，可以帮助民警了解被评估为自杀高风险罪犯的相关因子，以便民警针对这些风险因子采取菜单式、针对性的分类干预；③可以促进监狱安全防控从全员防控走向重点防控。然而，罪犯自杀危险性评估在我国是近年才出现的概念。相较而言，江苏、上海、浙江、江西、四川等地的罪犯自杀危险性评估工作起步早，也积累了一些经验。例如：

（1）江苏省监狱局从 2014 年开始研发罪犯狱内危险评估工具（J3C），数据来源包括从罪犯档卡信息获取的入监信息和罪犯改造期间的改造信息。其中入监信息包括有遗传负因（如有自杀史、有自伤自残史、有同性恋史等）、精神发育迟滞、有精神疾病、内分泌异常、染色体异常等；违规违纪信息则由民警实时录入，而罪犯奖励、与家人联系等信息则由工具自动发现并抓取。

（2）上海南汇监狱课题组（2016）借鉴班杜拉的"三元交互作用的人类动因"理论提出了预测罪犯自杀行为的三大类风险因子指标：①稳定性因子，包括人口统计学因子、犯罪类型、刑期等；②情景性因子，包括刑罚因子、改造因子、家庭因子和身心因子，其中刑罚因子包括不认罪服法、余罪被发现、减刑假释保外不满

意等 7 项子因子；改造因子包括重大违纪被处理、受同犯威胁、受同犯歧视等 6 项子因子；家庭因子包括亲人突然过世、对家人愧疚感强、被亲人抛弃、婚姻情感变故、家庭经济破产等 6 项子因子；身心因子包括精神疾病、重大疾病和长期慢性疾病等 3 项子因子；③现实性因子，分为各种行为与情绪的变化、自杀意念、自杀计划与准备。课题组以此为理论基础编制了《罪犯自杀危险评估量表》。

（3）2014 年 8 月到 2016 年 6 月期间，浙江警官职业学院课题组联合浙江省十里丰监狱组织访员[1]对浙江省乔司监狱、浙江省十里丰监狱、浙江省女子监狱等

---

[1]　访员有：黄兴瑞、孔一、郭晶英、揭根文、傅华军、蒋文明、姜文水、杜海波、付钊生、黄书成、胡小灯、管士风等。

15 所监狱狱内曾经有自杀行为的罪犯（共计 42 人），进行了全样本调查，对所获数据统一编码并录入计算机，利用 SPSS 软件进行了频数统计、卡方检验和二元 logic 回归分析，并做了信、效度检测，建立了回归预测模型。在此基础上，于 2016 年 8 月制作完成了狱内自杀危险评估表（V－HCR21）。

（4）江西监狱系统依托司法部物联网重点实验室平台，运用人工智能技术对表情识别、生理参数计算、微运动等数据进行聚类分析，运用多模态生理参数测量的客观心理评估技术对罪犯开展危险性评估。同时运用人工智能自我学习的模型优化技术，根据现有的危险性评估的数据积累，投入到设定好的机器自行分析算法中进行聚类分析，再汇总现实中违规罪犯的数据，并作为对比样本，自动生成评估模型。在实践的过程中，新产生的违规数据被不断输入，实现模型的自我迭代，以便改进和提升罪犯危险性评估的科学性和准确率。

（5）中国政法大学服刑人员危险评估与矫治中心和中国科学院心理研究所针对自杀高危倾向，定制了一系列针对罪犯群体的行为任务及自陈式量表。为了解决传统监控手段"看不见""听不出"的问题，他们还提出在会见过程中，民警可在指挥中心通过罪犯佩戴的多模态人因感知手环对其与亲属沟通中的生理心理状态，如心率、呼吸、压力、情绪波动等，进行实时、连续、动态的生理心理监控，同时支持数据发生大幅波动或其他异常时的实时预警。

（6）郑子强等针对现有的罪犯自我伤害危险性评估量表耗时长、虚报率高等问题，提出音频数据采集方法。这种方法采集方便、信息丰富，不受个体语言限制。[1]2022 年，其团队联合四川省监狱管理局和四川大学华西医院对 12 名曾实施过自残自杀的罪犯实验组和 29 名没有实施过自残自杀的罪犯进行访谈调查，收集其音频数据，发现两组音频数据的共振峰、频谱和韵律特征存在差异，且自杀实验组访谈时的讲话时间少于对照组。借此提出未来的罪犯自杀风险评估应该纳入罪犯的视频、语言、生理等信息，探索多模态数据有效融合的算法，以提高罪犯自杀事发前防控的效益。

现在越来越多的监狱已不再满足于通过自评或他评量表评估罪犯自杀危险性的传统方法，转而借助物联网、大数据、人工智能等前沿科学技术研制评估系统。传统方法一方面需要大量具有较高专业素养和职业道德的评估员；另一方面需要通过阅档、访谈法等判断收集到的信息是否真实、准确，而且需要各种信息相互印

---

〔1〕 郑子强等：《基于音频的罪犯自杀危险性评估》，载《四川大学学报（自然科学版）》2023 年第 6 期。

证、去伪存真，耗时费力。通过对罪犯的皮电、脑电、肤电、眼动等生理数据的收集和分析，来设计基于深度神经网络的自杀危险性评估工具可能是未来发展的方向和趋势。但就目前而言，受研究深度、资金投入、应用场景、测试条件等因素制约，新的评估系统离稳定成熟和推广应用还有较大距离，也未见第三方对这些新系统进行信效度检测和预测准确率评估的公开报告。另外，我们不得不面对和承认的是，人性的复杂和易变远超过机器。人是嵌入在社会关系之中的——人际互动对个体观念、动机和行动的影响有时是决定性的。将人的行为完全还原到心理甚至生理层面是对人的简化和贬低，也不符合人类存在的真实状态。如果在未来，每个人下一步的行动都能够由机器"先知"来预判，人类的命运都可以靠计算机来"规划"。这样的社会也许精密、高效，但未必令人期待。

问题二：如何评估罪犯自杀危险

以下内容以黄某的评估报告为例：

表 2 - 1　黄某自杀危险性评估报告

姓名	黄某	性别	男	出生年月	1995.03	文化程度	初中
家庭住址	×××	捕前职业	务工	婚姻状况	未婚	罪名	抢劫
前科次数	0	三假犯	非	身体残疾	无	重大疾病	无
原判刑期	3 年 3 个月	入监年月日	×××	刑期起止	×××	所在监狱监区	×× 监狱
系统评估	经典危险分数：54.91			自杀危险等级：高			
综合评估	中度自杀危险						

危险性评估有哪些步骤？具体如何操作？在本例中，用罪犯自杀危险性评估工具得出的结果与监区犯情分析会讨论得出的综合评估结果并不一致，这是为什么？应该如何认识并协调这种差异？

讨论：罪犯自杀评估实践操作

罪犯自杀评估方法包括基于以往因自杀而死亡或曾有自杀企图的罪犯数据进行群体素描，比如美国加州惩教和康复部对 1999 年至 2004 年期间发生的 154 起罪犯自杀死亡事件进行了调查（Patterson & Hughes，2008），发现：①73%的自杀罪犯有精神病治疗史；②73%的自杀发生在单独监禁中；③环境压力因子与自杀有很强的相关性（如最近的惩罚性制裁、新的指控、受到新的判决）；④38%的自杀罪犯曾经被监狱工作人员确定为"不需要心理健康治疗"。[1]这样的调查结果可以帮助一线民警对罪犯群体中什么样的人在什么样的情况下更有可能自杀有一个大致了解。不过，大多数监狱由于缺少以往自杀事件全面、准确的信息，更多采用查档法、观察法和结构式访谈法相结合的方法对罪犯进行自杀危险性评估。以下对各方法结合实例作简要阐述，并以上述表2－1的黄某为例作进一步应用方式的说明：

1. 查档法

罪犯的自传、起诉书、判决书、羁押表现、体检报告等能够提供有关其家庭史、成长史、学习史、职业史、犯罪史（含陋习劣迹）、前科史（含看守所羁押阶段），以及入监后的认罪态度与归因、服刑信念与规划、违规违纪史等信息，民警在阅读这些材料时可

---

〔1〕 R. F. Patterson，K. Hughes，"Review of completed suicides in the California Department of Corrections and Rehabilitation，1999 to 2004"，*Psychiatric Services*，2008，pp. 676－682.

以重点关注：

（1）入狱前或以往服刑期间的自残自杀史。

（2）与家人的关系，尤其是是否经历过早年家暴或是重大负性事件。例如，王某在自传中写道："……天有不测风云，母亲突然间身患脑炎住院治病，后来我又生病了，长辈四处借钱为我进行医治。母亲自己生着病，还经常陪伴在我身边，细心地照料我，最后我终于康复出院。但母亲因关心我的身体，夜以继日地操劳，身体越来越虚弱，后来经抢救不及时，就离开这个世界……"王某在自传中把母亲的过世与其对自己的辛苦照顾进行了因果关联，可能存在较强的负疚感。监区小组因此评定"该犯如心情不好，很容易产生自杀念头"。后来王某实施的自杀未遂事件证明了该评定结果的准确性。

（3）重要亲人过世的原因，如因病过世、车祸等意外、自杀身亡，等等。例如，张某入狱前在村子里经常被认为是混混，因此他跟初恋女友的关系遭到了女方家人的反对。有一天谈及未来，两人都坚定了要在一起的决心，于是购买了农药准备再遭到反对就用来吓唬家人。结果有一天张某接到其女友哥哥电话，告知其女友在一次与家人争吵后喝毒药自尽了。这件事对张某而言虽然已经过去十几年，但是在对其多次狱内自杀行为的调查分析后发现，其实施自杀的时间大都选在女友忌日或清明节前后。

（4）罪犯的体检报告中是否有记录不明的伤疤。如果有，需要跟罪犯确认伤疤来源及其与以往自残自杀行为的相关性。例如，李某实施了自杀并死亡，在其后续调查中发现体检报告中曾有描述："头部有两处疤痕，小腿有多处疤痕。"由于李某已经死亡，而且常年在外打工，其家人也不知这些疤痕的出处和原因。虽然有疤痕不一定就代表某个罪犯有自残自杀史并以此推断其入狱期间的自杀风险，但是作为关键信息之一，其伤疤情况还是很有收集的必要。

综上，民警用上述查档法，获得与黄某相关的信息包括：

（1）通过查阅看守所记录，发现其羁押期间情绪不稳定，多次与他人争吵、打架，被关过禁闭。

（2）通过查阅《入监体检表》，得知黄某无长期慢性疾病或重病和既往病史，体表有"蝎子"文身，无外伤。

（3）通过查阅《思想自传》，得知黄某与家人关系较差，有父亲对其体罚经历的描述（如被打到"皮带头断掉"）；读书期间比较调皮，经常与同学打架；14岁开始外出打工，无固定职业，被捕前无特殊经历或技能。黄某认为法院判决量刑适当。

（4）通过查阅心理测试结果，得知黄某波动68分、冲动75分、自卑57分、焦虑61分、暴力倾向64分。

2. 观察法

自杀是一个人自己能够决定的、最重大的事件，又事关生死。因此，当一个人在决定自杀前往往苦苦纠结、高度紧张、极度焦虑、彷徨犹豫。这种心理状态所导致的情感情绪，对于绝大部分人而言，很难完全掩饰。特别是在监狱里被管控的情况下，基于一时冲动的自杀行为比较难以实施，罪犯为了自杀需要寻求最佳方法、时间和地点等。在这个准备的过程中，他们很有可能表现出或多或少的自杀预警信号。

（1）莫名落泪。一个要实施自杀的人，可能会因为委屈或者失望，也可能因为对某人、某事的极度忏悔，还有可能因为决定告别人世前对亲人和爱人的留恋与不舍而忍不住落泪。例如，钱某在晚上点名会结束后，没有回到监舍，而是偷偷靠近 4 楼楼梯扶手，其他罪犯发现正要制止时，钱某突然下蹲背越式翻出楼梯扶手，好在被及时拉了一把没有危及生命。事后调查发现钱某在实施自杀行为前经常一个人"呆呆坐着流眼泪"。

（2）无故打自己。例如，有的罪犯产生自杀念头后会突然或借机打自己嘴巴。如赵某在劳动车间，偷偷用纱剪划破自己的左右小腿十多处，直到被人发现裤脚上有血迹才被制止。在事件调查中，同犯回忆："赵某站在小组门口，自己很用力地打自己嘴巴，有打了 4 次"；另一个在场的罪犯描述："看到赵某在小组里打自己嘴巴，打了一下后，我还以为他在玩，接着他又打了 2 下，当时脸和耳朵都通红了。看到后，我过去问他'怎么回事啊，你'，他就说'有心事'，我再追问怎么回事后，他就一直抬着头，感觉想哭的样子，一直说'有心事'，'有心事'。"再如一罪犯实施了自杀行为，同犯和民警回忆在事发前该犯与其他罪犯有过很小的摩擦，该犯说"都是我的错"，然后开始打自己嘴巴。当时，周围罪犯和民警都觉得他只是反应过度，事后判断该犯很有可能早已产生了自杀念头。

（3）遗言表露。一般认为真正要实施自杀的人为了"成功"，不会暴露自己的自杀企图，但"根据事后统计，有65%－80%的自杀死亡者在采取自杀行动前都明白无误地向其周围的不止一个人、不止一次地清楚表达过自己的自杀意图"。[1]遗言的表述有的是直接陈述，有的则比较隐晦和间接。

直接表述：比如写遗书，如孙某写道："家中的亲人，都是我做错事，如今在改造中，完不成任务，连走路都装傻慢慢走，由于我这个不忠不义在看守所里吹牛乱吹，现在同犯检举，是破坏×监区的名气，也害得家里亲人和亲友受人白眼，我犯了错已不允许我活在这个世界上，我家人没有任何错，我现自杀以谢罪天下，×××绝笔。"

间接表述：如李某在小组里与同犯笑称自己过几

---

〔1〕 陈立成：《罪犯的自杀与防范》，载《河南司法警官职业学院学报》2004 年第 4 期。

天就要死了，周围的人都以为他在开玩笑或是胡说八道，没有太放在心上，但在第二天凌晨 3 点多，李某用胶带纸封住自己的嘴鼻，企图自杀。再比如张某被判无期，在被问及与其家人的关系时自述家人对自己都很好，但自己会慢慢地减少给家人的电话和信件，问及原因，答"我不想让他们想到我，我想慢慢地消失在他们的生活中"。

（4）幻觉妄想。如王某实施了自杀行为，后调查发现在其自杀行为实施前的一次与民警谈话时自诉头脑中经常浮现"背后有人议论说我不是我妈亲生的，是捡来的……女朋友在外面出事情了，与其他男人发生关系了（女友只在该犯在看守所羁押时与其联系过）"等幻觉、妄想。他说："有声音让我去死。"

其他自杀预警信号包括散发财物、藏匿药品、整理物品寄回给家人或送给同犯、失眠、胃口明显下降、反常地对抗民警等。有的罪犯会因为专注于思考是否去死，而无心关注外界，从而出现反应迟钝、精神恍惚的症状。也有罪犯开始对周围人员可能的遭遇表示特殊关注，比如有罪犯打听如果实施自杀会对谁造成什么样的影响或后果。

综上，民警通过直接观察，以及同犯的观察、日收日检记录等多种途径搜集的相关信息，发现黄某入监后有 1 次不服从民警管理以外，3 次与同犯争执推拉，1 次殴打同犯，2 次私藏违禁品，但是能完成生产任务，在日常的生活和学习场景中都没有表露出明显的自杀预警信号。

3. 结构式访谈法

结构式访谈是指根据评估量表指标设计的对应性访谈提纲，对无法通过查档和观察获得的信息以及需要验证的关键信息进行收集和研判。虽然到目前为止，还没有统一的罪犯自杀量表，但参考世界各国监狱使用的量表，在罪犯新入监时，一般会都围绕以下信息开展访谈：

（1）是否有伤害自己的想法或意图？

（2）看守所羁押期间是否有自杀行为或是被评估为自杀高风险？

（3）入狱前一年内是否曾有过自杀企图？

（4）是否有吸毒或酗酒史？

（5）是否缺乏亲密或在乎的家人、朋友？

（6）在近 6 个月内是否遭遇过重大负性事件，比如重要亲人的离世、与配偶离异、孩子监护权的丧失、家庭重大经济危机？

（7）所犯罪行是否为故意伤害或故意杀人，且受害者为近亲属或亲密关系人？

（8）是否有精神/心理疾病史，包括精神药物使用史？

（9）是否曾被诊断患有抑郁症，焦虑症或精神障碍？

（10）是否患有急性疼痛或"绝症"？

由于在入监时被评估为自杀危险低的罪犯也可能在后期的服刑期间因为负性事件的发生、冲突的无法解决、重要亲人的离世、调监申请/减刑/假释的被拒等而成为自杀高风险罪犯。因此，在罪犯服刑期间，需要进一步收集的信息包括但不限于：

（1）是否明示或暗示有伤害自己的想法和计划？

（2）是否表现出焦虑、害怕或无助？

（3）是否表现出抑郁迹象，比如莫名哭泣？

（4）是否一反常态地情绪活跃或低落？

（5）是否言行反常，比如赠送物品、断绝与家人联系等？

（6）是否自述有幻听或幻视？

（7）是否正在经历重大负性事件？

（8）是否有足够的亲情支持和联系？

（9）是否有与同犯或民警发生冲突，且一直耿耿于怀、感到委屈和愤怒？

（10）是否正在经历余罪被发现或申诉失败等事件？

如果罪犯对以上问题，尤其是有关自杀史和自杀未遂事件的问题，作肯定回答或拒绝回答，应该将其转介给专业心理咨询人员。在访谈过程中需要注意的是：①解释：以尽量简单易懂的语言告知罪犯访谈的目的，避免罪犯认为自己是单独被"盯上"了；②询问：用询问而不是审讯的方式提问；③重复：在罪犯不理解我们的话语时重复问题；同时在不理解罪犯话语时，让罪犯重复作答，表现出耐心和支持。访谈的关键是让罪犯感觉到他们是被在乎的，而影响访谈准确性的因素包括：罪犯不希望暴露自己的弱点、对监狱工作人员的不信任、访谈时间有限、访谈技能参差不齐等。

综上，民警使用狱内自杀危险评估表（S－HCR21）对黄某进行结构式访谈：

指导语：今天找你谈话，主要是想了解你的一些情况，方便分监区警官提供一些针对性的指导和帮助，让你的改造更加顺利。你提供的信息不会影响你的日常考核。

A. 早年有严重家庭问题（家庭破裂、家暴等创伤性事件）

问：你和家人关系怎么样？

答：还好吧。

问：那小时候你的父母会不会打你啊？

答：会啊！小时候我比较调皮，不是很听话，常惹祸，比如在学校打架、偷邻居的鸡、偷外公的钱等，爸爸知道了就会打我。

问：打得最厉害一次是怎样的？

答：有一次我偷了邻居的鸡，把它弄死了。老爸知道了就狠狠地揍我，用皮带，皮带头子都打断了。

问：你爸打你，你害怕吗？

答：当然怕啊！可是过几天就忍不住又干调皮的事了。

……

问：你爸和你妈关系怎么样？

答：不好，总是吵架。

问：什么时候开始的？

答：从我小时候就这样了。不仅吵，还打架，有一次我爸把我妈脸上打出了很多血，我看了都怕，求我爸带妈妈到医院。因为有孩子，两个人也就没离婚，现在也感情不好，总是吵的。

B. 敏感、自卑、过度自尊、自我中心

问：刚才跟你的谈话给我一个感觉：一是你遇事比较会想，心思比较重；二是遇到事情你喜欢从自己身上找原因，更多的是怪罪自己。你觉得呢？

答：是的。我觉得我是一个比较自卑的人。

C. 心胸狭隘、报复心强

问：那你觉得你是一个报复心重的人吗？

答：还是比较重的吧！吃了亏总想找回来，不然心里总是想。

D. 性格孤僻，很少与他人交流

问：能不能谈一下你的朋友？

答：我没什么朋友，真正意义上的朋友一个也没有。

问：平常有什么爱好？

答：以前平常也就喜欢上上网、睡睡觉，没啥爱好的。

E. 吸毒成瘾

问：抽烟喝酒吗？

答：有，但没什么瘾。

问：有吸过毒吗？

答：没有。

F. 好勇斗狠、重江湖义气、崇尚暴力

问：在社会上和别人打架多吗？

答：很少的。就是以前在学校的时候喜欢打架，出来打工后一般不会主动找人家事情的。

问：那你有没有为朋友出头或帮朋友打架过？

答：有几次吧！不过也没动手，我就在边上看看。

G. 与个别犯人关系紧张

问：在分监区有没有你特别看不顺眼的人？

答：有的。我比较敏感，有些人用眼睛瞄我一下，我就不舒服。

H. 与个别民警关系紧张

问：民警呢？有没有关系比较紧张的？

答：也有的。一个是甲队长，一个是乙队长。

I. 减假暂不符合预期，心理落差大

问：这次你因为打架被强化矫治，减刑的机会不是很大了，对此你是怎么想的？

答：还好吧！反正是自己造成的。我现在的问题是，脑子里总是想一些乱七八糟的事情！

4. 评估结果

结合查档法、观察法和结构式访谈法，再加上对信息中不一致的部分进行多渠道、更细致地验证和确认后，评估人员就可以将所有相关静态和动态风险因子录入到评估系统软件以获得评估结果。同时，撰写"画像式"的罪犯危险性评估意见，并对被评估为自杀危险高以及评估为自杀危险低但与分管民警意见不一致的罪犯进行复评。

民警将黄某的所有信息输入到系统后得到的结果是：

自杀高风险。但在监区讨论中，民警认为黄某幼年有受体罚虐待史，情绪波动起伏大，行为难以自控，且有较强的报复心理，服刑期间已多次发生与他人争执推拉及不服监管情况，具有高度的暴力行凶危险；同时黄某性格自卑、孤僻，思想固执，遇事爱走极端，正处于被强化矫治中，有一定的自杀危险。但是到目前为止没有发现或收集到有关黄某反常行为的信息。经过综合分析和众人讨论后认定黄某的自杀危险为中级，并部署了相应管控措施。

　　这里把风险等级进行调整的原因是考虑到评估系统无法全面考虑人的多样性和动态性，在利用罪犯历史数据和现实表现对所有罪犯的自杀危险性进行判断时，就不可避免地出现假阴性和假阳性。评估工具提供的只是可能性预测，也就是预判某件事发生的概率，而不是得到百分之百确定的答案。帕尔默（Palmer）在《首要怀疑》（*The primacy of doubt*）里举例说，就好像天气预报提供明天下雨的百分比。面对这样一个概率，是否带雨伞，还是取决于人作出决策。同理，罪犯自杀危险性评估工具也不能代替临床诊断，而主要是用于提供额外、补充信息或证实临床诊断。

| 第三章 |

管控自杀

我们必须意识到，我们对彼此的言行具有重要影响力。通过善待他人，我们可以给予希望和力量，甚至挽救一条生命。

——奥普拉·温弗瑞

问题一：监狱可以怎么管

案例 1

问：这个刀片你是怎么带进来的？

答：拿进去的。

问：是车间里拿出来的吗？

答：嗯。

问：车间里拿出来的，放哪里带出来的？

答：身上。

问：放身上，没搜出来？

答：搜不到的。

问：搜不到？怎么会搜不到？

答：要藏东西还搜得到的！

案例 2

答：这东西都已经想好了。第一次我想表明我的态度，我跟你商量，跟你讲，你都不听我说话，那第二次我只能用这个方式告诉你，你让我说句话。我一定要把这件事情弄明白，就算我死在监狱都不搭噶的，这件事情我必须要弄明白。因为我这人可能太认死理了，或者我个人来说占着理了或者怎么样了，我一定要弄明白。就算你跟我说你这件事情哪里不对了也行，最起码这个态度要端正。我不是非得怎么样的，可能你说这件事我弄错了，或者怎么样的，一句话就能解决的事。

……

像我这种不是脑子一热，是当事情做的。为什么第三天去的时候我还要再撞，我是要表明一个态度，这个事情肯定过不去了，我就是死在里面，也要把这个事情弄明白了。

我们把罪犯话语的真实性、自杀原因以及是非对错这些问题暂且搁置。在第一个案例中，罪犯把刀片带出劳动场所，似乎暴露出是监狱管理方面的漏洞；而至于第二个案例，罪犯两次撞墙，却让监狱无计可施，毕竟罪犯实施自杀的工具是无处不在的"墙"。那么，从监狱层面能做些什么以及做到什么程度才能有效降低罪犯的自杀可能性呢？

讨论：监狱层面的管控设计

"在中国的地方政治里，没有一个单位的职权会包括管控自杀。"[1]但是监狱却要"管自杀"，甚至可以说是一个国家中最大的精神卫生健康提供者。由于监狱长久以来相对封闭，给普通大众留下恐怖、阴森、可怕、不公的印象，甚至部分民众到现在仍然无法区分看守所和监狱的差别。一旦发生监狱内罪犯自残或自杀事件，公众和媒体就会质疑监狱的安全和管理能力，对监狱产生是否虐待罪犯或监狱管理不善造成牢头狱霸等诸多猜疑和不信任。自杀罪犯的亲属也可能会对监狱基层民警、管理人员、医生或政府官员提起诉讼，并在媒体的进一步推动下将罪犯自杀升级为舆情事件。为此，监狱也必须证明自己已经制定并遵循适当的政策和程序对罪犯的自杀危险进行了评估、管控和干预。

1. 建章立制

各监狱实际情况虽有不同，但一般都会制定规范

---

〔1〕　吴飞：《自杀作为中国问题》，生活·读书·新知三联书店2014年版，第6页。

化的《罪犯自杀评估工具和操作手册》，确定罪犯自杀现场和后续处置等流程。其中，各监狱还会根据现场民警、监区、指挥中心等不同部门或是根据民警、人行通道岗、指挥协调岗、车行通道岗等不同岗位确定处置要点。遇有罪犯威胁准备实施或是正在实施自残自杀行为，负责第一响应的现场处置民警操作流程一般是：

（1）开机：打开执法记录仪。

（2）喝止：大声命令涉事罪犯停止其行为。根据形势判断，也可以一边开展喊话，缓解情绪，一边等待谈判专家；或是与就近民警和罪犯一起制止其行为。

（3）报警：向指挥中心或是二级分控平台报警。

（4）管控：事件未处理结束前，对于现场其他罪犯，采取有序疏散或让其抱头蹲下等措施以控制事态发展；事件处理后，集合所有罪犯，清点人数。

（5）善后：证据固定、化解矛盾，后续管控。

但是，考虑到一名罪犯威胁准备实施或是正在实施自残自杀行为，其目的也可能是企图转移在场警员的注意力，以实施或是方便其他罪犯实施危险行为，甚至引发骚乱，一些国家的监狱会特别规定要求现场处置警员注意"滚雪球效应"，并按照应急响应提示清单进行排查：

（1）到达现场：了解、掌握是谁实施了什么行为。

（2）评估现场：确定行为的紧急类型：非致命/致命。

（3）发出警报：通知相应人员、部门。

（4）评估隐患：排除是否有在场其他罪犯伺机而动的可能性。

（5）进入现场：确定有足够的后援并判断进入现场是必须、合适的。

这里的"现场"简而言之就是以实施自杀的罪犯为圆心的周边区域。也就是说，即使有罪犯实施了自杀躺倒在地上，当班警察在进入现场、接近涉事罪犯之前，也需要先评估对自身和监管秩序安全的隐患。

如果涉及罪犯威胁准备自杀需要谈判的介入，监区相关民警需要快速提供给谈判者的信息包括：①可能影响该犯实施自杀或威胁准备自杀行为的"导火索"；②该犯与同犯、民警或家人的关系，尤其是能对该犯有影响力的人等。其目的是避免谈判者毫无准备地喊话，比如"你要想想家人"等劝告原本是希望运用同理心去引起对方共鸣，但是有的罪犯很有可能就是因为被家人抛弃或自认为是为了家人好而准备实施自杀行为。

如果罪犯已经实施了自残自杀行为，进入现场的后续行动步骤是：

（1）稳定涉事罪犯：如有必要，对涉事罪犯进行人身限制。一般而言，如果不清楚受伤程度，除非现场有其他对生命构成直接威胁的风险，否则不宜随意移动涉事罪犯，比如很大一部分上吊的人会发生脊柱骨折，在移动前就需要在现场考虑是否进行脊柱固定和下颌推力操作。

（2）限制移动：确保在场其他罪犯按指令做出抱头下蹲等姿势，以免有罪犯趁机制造混乱等。

（3）初步医疗评估：①确定意识:有/无意识；②检查"ABC"：是否有呼吸和脉搏；③检查身体：是否有出血等；④使用心肺复苏术（CPR）/自动体外除颤器（AED）（需要接受过相应培训的人员使用）。

（4）获得支援：在关键或薄弱位置布置额外警力。

在这个清单中，也需要标明注意事项，比如实施"稳定涉事罪犯"和"初步医疗评估"时应该在可能的情况下佩戴好防护设备（如手套等）后再接触涉事罪犯，以免沾染体液、血液或其他传染性物质。

另外，"榜样的感染力足以引起自杀"。[1]如果有罪犯实施了自杀行为，事件发生后的一个月内是高风险期

---

〔1〕 ［法］埃米尔·迪尔凯姆：《自杀论》，冯韵文译，商务印书馆 2011 年版，第 73 页。

（Cox & Skegg，1993）。[1]如果有的罪犯本来就比较容易受暗示或影响，或是已经抱有自杀念头，看到或听说罪犯自杀的过程或消息可能会使他们在哀伤或忧郁的情绪状态下仿效并实施自杀行为，因此需要对他们提供心理评估和疏导。同时需要注意的是，如果有罪犯在自己的管控下实施了自杀，相关民警可能会经历从愤怒和怨恨到内疚和悲伤的一系列情绪体验。监狱应该有流程确保这些民警有正式场合和机会谈论有关罪犯自杀事件的想法、感受和担忧，了解监区和监狱会对他们的困难和不安提供何种心理和法律支持等。否则，民警很容易产生被抛弃的无助感，进而失去工作的动力和热情。

2. 情境管控

改变环境和管理方式是监狱降低自杀发生概率的常规操作。监狱中大多数罪犯实施自杀的类型是窒息，而实现自杀无须双脚离地，仅需要距离支撑表面或地板几寸即可。具体实施方式包括罪犯使用床单、鞋带、跳绳、袜子、松紧腰带和伤口绷带等穿过或捆绑住凸起物，比如床栏、衣钩、淋浴把手、牢房门、水槽、通风

---

[1] B. Cox，K. Skegg，"Contagious suicide in prisons and police cells"，*Journal of Epidemiology and Community Health*，1993，pp. 69 - 72.

口、窗户和烟雾探测器等，用跪、坐、站或躺式完成。窒息而亡的时间一般为5分钟-6分钟，达到脑死亡则仅需4分钟（Hayes，1995）。[1]排在其次的自杀方式是割刺手腕或身体其他部位，导致大量失血而死亡，用于割腕的工具包括刀片、牙刷柄等。过量服用精神药物也是罪犯会使用的方法，尤其是三环类抗抑郁药，以及抗

---

〔1〕 L. M. Hayes, "Prison suicide: An overview and guide to prevention. Washington", *The Prison Journal*, 1995, pp. 411 – 498.

高血压药和止痛药（Klein，et al.，2006）。[1]为此，越来越多的监狱或是把相关物品视为违禁品，限制罪犯持有；或是在不影响相关物品原本功能的前提下增加被罪犯用于实施自杀的难度，比如用由重型尼龙织物制成罪犯工作服和毯子等（以确保不被撕成条状），以纸质衣服代替布质衣服；监狱牢房栅格孔径的标准直径必须小于0.46厘米等。然而，罪犯在利用手头有限的物品伤害自己方面表现出了不幸的"创新性"，比如：

问：当时你用什么工具伤害自己的？

答：滤网，就是刮胡子的过滤网。

由此可见，单从使罪犯"不能自杀"的情景预防方面进行防控，是防不胜防的。这就凸显出罪犯自杀危险性评估的重要价值。另外，监狱也要根据罪犯的自杀危险等级确定防护等级，差异化安排罪犯的劳动岗位、就寝铺位、队列序位、学习座位、就餐点位、活动站位、同监舍人员、互助员、包干民警、心理咨询或团体辅导等。

（1）特级防护。在罪犯不停止自残自杀行为时，可以给其使用约束衣、束缚椅等。

---

〔1〕 D. N Klein, S. A. Shankman, S. Rose, "Ten-year prospective follow-up study of the naturalistic course of dysthymic disorder and double depression", *The American Journal of Psychiatry*, 2006, pp. 872 – 880.

（2）一级防护。对自杀危险性极高者，可作如下应对：①与其他罪犯隔离，送至监狱医院或严管队，并由受过专门培训的罪犯看护，进行 24 小时不间断轮班观察；②在有必要时使用束缚衣，由评估矫治中心专业人员决定是否立即安排个别心理咨询或转诊；③由一名专业人员进行持续跟踪以决定何时调整防护级别；④填写观察记录表。

（3）二级防护。对有现时自杀危险或是威胁准备实施自残自杀行为的罪犯，可作如下应对：①可与其他罪犯关押在一起，并由受过专门培训的罪犯看护，进行 24 小时不间断轮班观察；②由民警承担持续、不定时的罪犯生命体征查看任务（事务犯和闭路监控等只是辅助，不能代替民警）；③由评估矫治中心专业人员决定安排心理咨询或其他干预项目；④由一名专业人员进行持续跟踪以决定是否调整防护级别；⑤填写观察记录表。

（4）三级防护。对非现时自杀危险性的罪犯，但表达过自杀想法或意图及有自残自杀史的罪犯，可作如下应对：①与其他罪犯关押在一起，由受过专门培训的罪犯看护，进行间隔不超过 15 分钟的轮班观察；②由评估矫治中心专业人员决定是否需要进一步的心理咨询还是仅需继续跟踪调查；③由一位分监区民警包干跟进。

如果罪犯被置于特级或一级防护，还需注意减少其被孤立感，以免该罪犯因为与其他罪犯隔离而导致负面情绪加剧、自杀风险提高。这时可以安排心理咨询师等专业人员与他们讨论正在发生的事及其感受。另外，负责管控的民警也可以在巡查时与其简单交谈，一方面，可以让其知道有人关心他/她，缓解孤立感；另一方面可以借机收集更多的信息，比如情绪状态变化等，帮助心理咨询师等专业人员作出更准确的判断。

总体而言，监狱管理层对罪犯自杀防控的主动意识和对民警的爱护意识是完整、系统的自杀防控体系的基石。具有主动意识的监狱管理层往往秉承着这样一种理念：自杀是可以预防和减少的。只有持有这样的理念才可能去思考该如何防控罪犯自杀。但是更为重要的是，监狱管理层还应具有对民警的爱护意识。美国《连线》（Wired）杂志创始主编凯文·凯利（Kevin Kelly）说："如果你不关心你的人，他们就不会关心你的使命。"所有防控自杀的硬件和软件设施都无法取代一个有爱心、观察力强的民警。不幸的是，许多民警可能因为晚上值班而面临睡眠困难等身心健康问题、可能因为无法像机关工作人员有稳定的周末时间陪伴家人而面临工作与生活的平衡问题、可能因为工作对象是犯了罪的充满绝望或是愤怒等负面情绪的罪犯而面临压力和安全问题、可能因为疲于应对罪犯日常的争执、推拉，甚至可能因为目睹和应对暴力和自杀威胁或行为，而产生倦怠、创伤后应激障碍、替代性创伤等问题。具有爱护意识的监狱管理层应该看到这些问题，并采取措施帮助民警在工作间隙和工作之外得到休息、恢复活力，从而确保他们有体力和精力对罪犯自杀预警信号保持警惕和敏感，并有足够的情绪能量对自杀罪犯进行管控和矫正。

问题二：民警可以怎么管

答：疼只是一时的，痛苦是一辈子的。

问：你就觉得疼就疼一下子，痛苦要痛苦一辈子？

答：就是想着很遥远，压力很重，痛也不管了。

问：那时候是不是还想了挺多的？

答：你说不想也肯定有想的，但是等到割的时候也不想了。

问：当时什么感觉？

答：那个时候脑子里想死了一了百了，也就只有这个想法。

问：也不会觉得疼？

答：疼也是暂时的。

问：疼也是疼的。

答：疼个一个小时也就一个小时，两个小时也就两个小时，熬住就过去了。

问：后来是怎么被发现的？

答：后来我们中队长看到的，躺在那里心脏里面的血还没有流出来，如果那个时候想到这一点，插在这里（指胸口）就没得救了。

问：你是晚上割的？是不是？

答：对。

问：你是等着大家都睡觉了才割的？

答：反正一睡下去，反正就没事，人家都睡觉了。

问：怎么发现的？

答：发现是早上起来的时候。

问：是早上起来才被发现的？

答：对。

问：那你那个时候人都要有点神志不太清醒了吧？你割了时间有点长了？

答：血，基本上床铺上面都是有了，里面的筋都被割断了，现在都接起来了。

杜兰德（DuRand）等发现多数罪犯的自杀发生在晚上 7 点到第二天早上 7 点之间。[1]孔一研究发现，多数罪犯的自杀发生在深夜 12 点到早晨 6 点。[2]这是因为这个时间段罪犯活动较少，在场的监狱警察也数量较少，监视力量相对薄弱。在上述案例中，罪犯选择了夜间大家都入睡后才开始实施自杀行为，目的就是"不受干扰"地达成自己的目的。那么，民警该如何做才能提前识别自杀意图？民警该如何做才能管控罪犯行为？如何确保罪犯没有在被窝偷偷实施自杀行为？自杀的管控要做到何种程度才是合理的？

讨论：民警层面的管控实践

自杀危险管控是一个复杂系统工程，涉及去了解、识别并解决罪犯的需求和压力源，并合作、协力调动能够利用的所有资源和支持，并无任何单独个体或单一方法能够有效完成这一复杂任务。因此，监狱各部门之间的协调与合作尤为重要。但是，由于自残自杀行为多发

---

〔1〕 C. J. DuRand, G. J. Burtka, E. J. Federman, J. A. Haycox, J. W. Smith, "A quarter century of suicide in a major urban jail: implications for community psychiatry", *The American Journal of Psychiatry*, 1995, pp. 1077 – 1080.

〔2〕 孔一：《罪犯自杀研究——对浙江省罪犯自杀案件的实证分析》，载《中国人民公安大学学报（社会科学版）》2005 年第 1 期。

生在监区内部的生活、劳动或学习区域，而且时间也多发生在夜间。因此，罪犯的自残自杀管控很少是依赖精神健康、医学或其他专业人员，而主要依赖每天与罪犯打交道的一线基层民警。可以说，基层民警是罪犯自残自杀管控的第一道防线。各监狱基层民警对于如何管控自杀都有已经被证明行之有效的做法，这里就不再赘述。我们认为最关键的是民警与罪犯之间的信息博弈。

博弈论中两个非常重要的概念就是"一次博弈"和"重复博弈"。简单而言，假设你去外省某个景点游玩，等玩得饥肠辘辘，就近找了一家店吃饭。结果发现这家店饭菜又差价格又贵，你可能会非常恼火，想着下次再不来这家店吃饭了；也可能会想着这个老板也太不会做生意了，怎么不把食物做得物美价廉以便吸引更多的回头客。但是，从博弈论的角度分析，这家店的老板没有花心思让菜品更美味且更便宜是符合他/她的利益的。因为，你跟这家店的老板之间是一次博弈。也就是，即使物美价廉，你下次再去同个景点并找到这家店吃饭的概率非常低。因此，没有花成本让菜品变得物美价廉反而成了这个老板的"最优"策略。而要解决这个问题，你可以在去这家饭店吃饭之前，先去大众点评网或是其他网站搜索相关评价，这样大概率就可以避免"踩坑"；你也可以下定决心，下次即使再去这个景点，也不会再去这家饭店。

在监狱环境中，罪犯的刑期短则几个月，长则几年，甚至无期，民警与罪犯之间不是一次博弈，而是重复博弈的关系。这也就意味着一方面，如果把民警比喻为提供商品的饭店，他们不可能靠"哄"或"吓"等手段解决罪犯的自杀问题。比如有罪犯因为家中妻子来信提出离婚而倍感绝望，多次企图自杀，民警如果跟他说"你的妻子已经不想跟你离婚了"，罪犯可能被劝说暂时停止自杀行为，但是这个说辞只能作为"缓兵之计"而无法从根源上解决问题。因为，除非罪犯在停止实施自杀行为后马上就刑满释放了，否则导致罪犯自杀的根本矛盾就无法划上句号。社会上如果有人跳河、跳楼试图自杀被民警救下，舆论和大众往往一致鼓掌，为民警喝彩。即使被救下的人再次实施自杀，也与曾经救人的民警没有关系，因为这被认为是两件事。然而，在高墙之内，某个罪犯的某次自杀行为被制止，只能说明这一刻的危机解决了，后面还有更艰难的工作要做。而且，如果这个罪犯再次实施自杀而且成功了，曾经救人的民警如果同样是该犯的包干民警，结果往往一言难尽。另一方面，如果把民警比喻为上述案例中的游客，遇到自杀高风险或是曾经实施过自杀行为的罪犯，民警完全没有"不会再去这家饭店"这个选项：不能申请换个监区工作，也不能换个罪犯管理以把与这个罪犯的"多次博弈"变成"一次博弈"，只能迎难而上；而如果想要在与罪犯的"多次博弈"中胜出，减少和预防罪犯自杀危险，民警就需尽可能多地收集罪犯信息。

1. 知道哪些行为是"反常"的

有的罪犯为了能够"成功"自杀，会尽量"不动声色"，但是大多数罪犯在实施自杀前会表现出第二章中"观察法"提及的自杀预警信号，也就是不同于以往的情绪、表情、言语和行为。这种预警信号归根结底是"反常"，是不同于"平常"的一种状态。反常具有个体性，需要民警基于特定个体日常表现的基准线作出判定，如，"平时活跃的罪犯突然沉默寡言"或是"平时沉默寡言的罪犯突然变得活跃"。

例如，张某，女，原先自杀危险综合评估结果为"自杀低风险"。在其接到丈夫提出离婚的电话后，民警将该信息输入系统，系统危险性评估结果显示"自杀中风险"。监区会议讨论后，决定对其实施"三级防护"。民警发现张某一直以来比较健谈，也很开朗，胃口也很好，但是最近几天不愿洗澡和聊天，胃口也有明显减少。注意到这些行为变化，值夜民警提出把原本间隔15分钟的观察，改成随机观察，如有时隔5分钟，有时隔

10分钟。结果在一次观察中，发现张某脸色发生变化，叫她也没有反应。原来她是把原先垫在下面的床单当作自杀工具，其中一端床单绑在脖子上，另一端绑在床栏上试图自杀。由于张某是躺倒姿势，身上还盖着被子，很难发现"消失"的床单。幸亏民警事先有觉察，及时发现并采取了一系列得当的现场处置措施，才得以避免严重后果的发生。

2. 知道谁是"关键人"

有的"说者嗓子冒烟，听者无动于衷"；有的人说了一句话，在听者心中却能"激起千层浪"。由于罪犯很容易得出民警说的话、做的事都是从民警和监狱利益出发的结论，在让罪犯放弃伤害自己的念头或是行为时，如果沟通效果不佳，我们就要考虑是否要换"更对的人"。例如，李某已经拒绝进食四天，其家中还有父亲、哥哥和姐姐，民警讨论是否应该借助其家人力量解决这个问题，但是李某的家人在其入狱一年以来从未有过亲情探视，李某也总共只打过两次亲情电话。虽然有家庭经济困难的现实原因，但也不排除其与家人关系疏离的可能性，而且其家人都在外省，赶过来也需要时间。有民警提出李某曾经跟同监舍罪犯多次提及关押在另一个监区的"朋友"。经过综合考虑，民警决定通过"借人"解决这个问题。以下为事件发生后与李某的访谈节选：

答：我在看守所认识两个人，蛮懂我的。

问：他们呢？现在在哪里啊？

答：有一个现在还在看守所。

问：还有一个呢？

答：还有一个已经分下去了，分在××监区去了。

问：你觉得他们两个挺懂你的，是其中有一个人过来对不对？

答：是的。

问：他来了之后呢？

答：他来看我，他跟我说话，我看着他，就掉眼泪了，我好几天没吃饭，他肯定也很难受的。

……

答：我想过要是我不吃东西，会不会死掉。

问：朋友来了之后？

答：我那个看守所的朋友来看我，我再吃不下，我也要吃。

3. 知道谁该被管控

有时候，一个问题的解决方案隐藏在另一个问题里面。虽然监狱已经采取各种措施避免罪犯中出现"牢头狱霸"，然而或是由于警力紧张，使得民警无法细致观察所有罪犯之间的互动，或是由于有的罪犯受教育程度低等原因表现出较为明显的智力低下、自我保护能力弱，而被显性或隐形地欺负。这可能使得有些罪犯，试图通过实施自杀行为获得控制权以改变生存环境。也就是说，如果要解决一些罪犯的自杀问题，需要先解决另一些罪犯的问题。如张某在历次服刑期间有过多次吞食螺丝、锁、钢笔等异物的经历，问及原因：

问：你为什么要吃那个螺丝？

答：组长骂我。组长叫我搞卫生，我后来想不开。

问：他为什么骂你？

答：我在拖地。然后叫我不要拖，他打我一下。

问：没跟警官说？

答：嗯。一个人来搞我。后来开口骂我，我也想不开，在小组里骂我。螺丝螺帽松了，就吞下去了。

问：你吞这个东西的目的是什么？

答：就想自杀。

……

问：吃下去之后，会不会有人再骂你什么的？

答：这不会骂。吞下去之后就不太会骂了。

张某在日常生活中被骂或欺负的行为可能对其而言是无法忍受的，但是在程度上又不算严重，因而还不足以引起民警的注意或介入。为了自我保护，张某琢磨出了一套规律，就是通过让自己的身体承受一定的"难受"把自己的被骂或欺负升级成为让民警和监狱必须重视或调查的事件，从而让现在以及未来可能会欺负他的罪犯有所顾忌以换得一段时间的安稳。在这个案例中，要解决张某的问题，更简单的办法是先解决张某周围同犯的问题。

基层民警是自杀意图发现、自杀事件处置的第一责任人，为了避免管控措施盲目、无效，民警需要在与罪犯的信息博弈中，掌握更多的有效信息，以便获得相对优势。然而，相对优势，不是绝对优势，对于一个抱有必死之心的罪犯，可以说是防不胜防，这需要通过教育矫正设法让他/她变成一个"不想"自杀的人。

| 第四章 |

自杀矫正

人在面对疾病、死亡、悲伤等重大失落时，会产生"五个阶段"的心理反应：否认、愤怒、讨价还价、沮丧和接受。

　　——生死哲学大师伊丽莎白·库伯勒·罗斯

问题一：监狱可以怎样矫正

　　王某 22 岁的时候杀死了 11 岁的弟弟，被判处有期徒刑 13 年，虽然入狱已经 5 年，但极少和家人联系。服刑期间，只要感觉到被指责，或者可能要因为违规违纪受到惩罚，就会先实施自伤自残行为，轻则故意摔倒，重则撞墙。比如有一次撞墙的原因是："因为别人说我的脚很臭"。虽然入狱已经 5 年，其父母与其几乎没有联系。

　　在 2022 年，王某又一次撞墙。民警与其父母联系，了解到由于父母需要常年外出务工，因此王某自出生后就被留在爷爷奶奶身边，父母有时一年也很难回去看他一次。即使回去看望，他们之间好像也非常生疏。到王某读小学时，他们把他带到身边，并安排在务工的沿海城市上学。由于工作原因，他们需要经常搬家，有时也无法陪伴在其身边。在其父母心中，王某小时候聪明乖巧，但是长大后却很内向、经常逃学、也不肯学技术；

喜欢玩手机、不跟人交流、不谈恋爱、不修边幅，后来甚至经常一个多月不洗澡、不换衣服。

王某自述其杀死弟弟的原因："看到弟弟的成绩好，大好的前途在等着他，我想将来等父母老了之后，弟弟来照料他们就行了，没考虑过自己也有照顾老人的义务，还做了那么多的蠢事，给本就不容易的家庭增加了那么多的负担。现在我明白了责任的重大，都是自己当时糊涂走错了路，我知道他们一直都不能相信，我是一个那么坏的人，会故意地去干杀人的事情。其实我本来就像他们想的那样，是一个从小到大连鸡都不敢杀的人，那天之前有一次和他们吵架之后，他们把门一关不让我进去，我拿起斧头做出了要砍开门的架势。还有一次吵架后我把门钥匙一扔，去外面走了几十分钟，后来跟他们说我准备从长江大桥上跳下去，他们不相信。这一次，我本来计划的是和他们吵架后，回到家里把弟弟打晕，然后走到长江桥上，给他们打电话说'我把弟弟打死了，我准备从长江桥上跳下去'，问他们会怎么做，他们肯定会打电话去确认，结果只是晕倒了而已，就会像前两次那样，让我继续赖在家里面，让我不要再开这样的玩笑了。当我学着电视里的情节，用锛锄打弟弟的后脑勺的时候，他没晕还叫了一声'哎'，当时爷爷、奶奶都在楼下，我怕他们听到，就又打了他后脑勺一下，他又叫了一声'啊'，我又打了他太阳穴一下，他双手撑在地上要爬起来的样子，我打了他背上一下，我看他还在动，又打了他太阳穴一下，我看他没动了，就还笑嘻嘻地跑去桥上打电话给他们了。当时办案民警认为我是故意杀人，他说我明知道这铁的东西能打死人，还要这么做，其实我自己当时都接受不了我把弟弟打死的事实，刚进看守所就去撞墙。"

王某在重点防控期间，需要按照医嘱服用抗抑郁药品，因此人有些发胖。虽然情绪状态基本稳定，但还是有两次因为一点琐事撞墙，说明他习惯用自伤自残的方式解决问题。也就是说，他宁可自伤自残，承受随之而来的痛苦和处罚，也不愿意或是没有能力用自杀自残以外的方式解决问题。那么，除了安排精神医学等专业人员的介入以外，可以如何矫正像王某这样的高自杀危险罪犯呢？

讨论：监狱层面的矫正设计

受制于自杀工具和手段的受限以及无处不在的监控，相较于社会上一般个体的自杀，罪犯自杀似乎更容易被发现、管控和预防。然而，由于监禁在押的罪犯本身就是高危人群，比如存在精神疾病、药物滥用、创伤和社会孤立等问题，再加上入狱后面临与家人的隔离、原有社会关系的断裂、渺茫的未来等进一步使得罪犯自杀的冲动和意图更加难以预测。监狱整体和民警个体层面的管控主要以罪犯"不能自杀"为目标，而矫正的目的则是希望罪犯能够"不想自杀"。从监狱层面，可以实施以下需要涉及更多人力、物力和财力的保护性措施，以达到罪犯不是迫于外在条件的束缚或压力，而是基于内驱和自主地放弃自杀这一目标。

1. 情境矫正

积极情绪反应的激发可以减少罪犯的抑郁和自杀意念。既然我们可以通过情境管控使得罪犯"不能"自杀，也能通过改变情境，使得罪犯"不想"自杀。

（1）"亲生物"设计：亲生物设计中的元素可以是植物、流水、动物、声音、气味、颜色等。财新传媒的创办人之一张进是个抑郁症患者，经过多年研究，他提出由于抑郁症患者的视觉会发生变化，看任何东西都是灰色的，如果将他们置于色彩明亮的屋子，会有助于改善情绪。在很多监狱，也已经特意增加亲生物的元素，以便让"居住"在其中的人们感受到活力和健康。例如，有的监狱安装以森林、阳光等内容的大型壁画或图片，罪犯虽然无法直接触碰，但是从监舍的窗口一眼就能看到，进而得以感受绿意盎然、生机勃勃；有的监狱会重新粉刷监区，使用更多能够唤起大自然联想的颜色和纹理，或是模仿大自然的照明设备和模式；有的监狱则按监区划分土地，让罪犯种植蔬菜。

民警叙述："他们来到菜地里，眼睛里便有了光，用着简单的树枝、水管等工具在地里松土。拔草也特别卖力，看着瓜果蔬菜从小种子慢慢长大、发芽、开花，确实很有成就感。在罪犯心理问题越来越严重的现代监狱，划分一块土地，让罪犯在闲暇时间在土地上忙活，确实是一件特别有利于改造的事。"

（2）阅读材料挑选：监狱购置或是收集一些能够让罪犯获得心理"自助"的书籍，可以有效缓解罪犯的负面情绪，减少自杀事件。比如史铁生在《我与地坛》里坦诚地说，当别人问起双腿瘫痪后他的打算时，他的想法便是"打算去死"，但是经过一些事，他认识到生活并非只有痛苦，要用自己的力量去敲碎这些痛苦，去为铲除种种痛苦的根源做些事，哪怕是微乎其微。陈鲁豫在《还是要相信》里说："生活本身就是意义，我们所能做的就是以我们会的方式尽力而已。"[1]岸见一郎和古贺史健在《被讨厌的勇气》里说："关键是经历本身不会觉得什么。我们给过去的经历'赋予了什么样的意义'，这直接决定了我们的生活。人生不是由别人赋予的，而是由自己选择的，是自己选择自己如何生活。"[2]阿尔弗雷德·阿德勒在《自卑与超越》里说："自杀者总是将他们的思维归咎于他人，仿佛在说：'我是这个世界上最脆弱、最敏感的人，而你却对我如此残忍'"。[3]

这些书籍就像是监狱请进高墙内的各路"大神"，通过文字，从各自立场、经历出发来分享他们的人生智慧和对生命意义的理解。这种"局外人"与民警和监狱这些利益相关方的共同合作，是应对由多重因素和路径引发的自杀行为的有效方法。

---

〔1〕 陈鲁豫：《还是要相信》，花城出版社 2021 年版，第 27 页。

〔2〕 〔日〕岸见一郎、古贺史健：《被讨厌的勇气："自我启发之父"阿德勒的哲学课》，渠海霞译，机械工业出版社 2015 年版，第 9 页。

〔3〕 〔奥〕阿尔弗雷德·阿德勒：《自卑与超越》，杨颖译，浙江文艺出版社 2016 年版，第 50 页。

（3）注意力转移：虽然有的监狱会在没有其他更好选择的情况下把自杀高风险罪犯单独监禁，但是就如第三章所言，身处其中的罪犯可能会因此产生被孤立感，因为缺乏有意义的社会接触会加剧抑郁、烦躁、愤怒、食欲下降、失眠、焦虑、偏执程度等，而且随着时间推移，有的罪犯还会失去处于人群中的舒适感，进而更加孤立、孤僻。为了避免"眼镜蛇效应"（针对某问题的解决方案反而使得该问题恶化），监狱还需要结合现实条件给在此期间"暂住"的罪犯提供能防止他们沉迷于自杀想法的一些活动（着笔至此，深感监狱民警的工作真可谓"步步惊心"，需要经常"瞻前顾后"）。

2. 项目矫正

使一件事情或一段经历成为危机的不是危机本身，而是一个人认为这对他/她而言是危机。也就是说，同样一件事或一段经历会让一个人感到非常沮丧，但对另一个而言却可能是小事一桩。例如，配偶提出离婚的一通电话可能会让一个罪犯对这个世界不再眷恋，陷入自杀危机，另一个罪犯则可能只是在短时间内感到难过、不安，但很快就能调整好自己并接受这个现实。正因为此，如果我们能改变一个人对一件事或一段经历的看法，就有可能减少危机。

认知行为疗法（CBT）源自认知理论和行为理论，其核心理念是认为一个人的行为只是想法和感觉的外在表现，行为的发生最终是由其深层次的认知结构决定的，即认知决定想法和感觉，最后决定行为。基于该假设，CBT已经在美国、加拿大、德国、西班牙、澳大利亚和新西兰等国的监狱和社区矫正机构广泛使用。他们认为罪犯认知技能低下不是因为他们的智商低或神经系统有缺陷，而是由于他们缺乏有效的父母监管或早年学校教育失败等社会环境原因，因此可以通过改变罪犯扭曲的认知思维模式以帮助他们更好地应对可能导致违法行为发生的情境、经济或人际压力（Ross & Ross，1995）。[1]

近年来，越来越多的研究提出罪犯认知行为疗法对培养罪犯亲社会的心理和行为、降低自杀率具有效果。比如布朗（Brown）等和格拉曼卢－霍洛威（Ghahra-manlou-Holloway）等发现相较于未接受护理的自杀未遂者，在自杀未遂后接受10次CBT的罪犯再次实施自杀的可能性降低了50%，而且这些罪犯在随后18个月的跟踪调查测试中，抑郁值、绝望值和问题解决率都有明

---

〔1〕 R. R. Ross，R. D. Ross，"Programme development through research"，in R. R. Ross，R. D. Ross eds，*Thinking straight: The reasoning and rehabilitation programme for delinquency prevention and offender rehabilitation*，Ottawa：AIR Training and Publications，1995，pp. 25－37.

显改善。[1]米切尔（Mitchell）等在青少年罪犯机构对未成年罪犯开展 CBT，发现接受 CBT 的未成年罪犯自残自杀意念都有下降，而对照组则变化很小。[2]辩证行为疗法（DBT）、自杀预防认知疗法（CT - SP）和预防自杀简短认知行为疗法（BCBT - SP）都是基于 CBT 开发的自杀干预措施。

除了针对自杀高风险罪犯的团体干预，塔瑞尔（Tarrier）等人开发了主要针对罪犯个体的认知行为自杀预防项目（CBSP）。[3]干预时间一般为 4 个月，对每位参与者最多进行 20 次单独的干预，通常每周 1 次或 2 次，每次持续 30 分钟 - 60 分钟。CBSP 主要由 5 个模块组成：

（1）注意力控制训练。在自杀危机时期，个体往往会被"锁定"在自杀意念的模式中，需要重点帮助其减

〔1〕　G. K. Brown, T. R. Ten Have, G. R. Henriques, S. X. Xie, J. E. Hollander, A. T. Beck, "Cognitive therapy for the prevention of suicide attempts: A randomized controlled trial", *Journal of the American Medical Association*, 2005, pp. 563 - 570. M. Ghahramanlou-Holloway, S. S. Bhar, G. K. Brown, C. Olsen, A. T. Beck, "Changes in problem-solving appraisal after cognitive therapy for the prevention of suicide", *Psychological Medicine*, 2012, pp. 1185 - 1193.

〔2〕　D. Mitchell, R. C. Tafrate, S. M. Cox, T. Hogan, *The impact of a probation officer CBT training program on supervision sessions and client recidivism*, Poster presented at the annual meeting of the Canadian Psychological Association, Toronto, Ontario, Canada, 2017.

〔3〕　N. Tarrier, "Broad minded affective coping (BMAC): A 'positive' CBT approach to facilitating positive emotions", International Journal of Cognitive Therapy, 2010, pp. 64 - 76.

少对自杀以及内部、外部与自杀相关刺激的过度关注。

（2）认知重组训练。罪犯的痛苦与过去发生的负面事件、犯罪行为等有关，也与他们对未来能否实现积极变化缺乏信心有关，需要帮助提高他们对思维偏见的认识。

（3）问题解决的训练。一些罪犯的自杀倾向和行为与其问题解决能力的缺陷有关，需要帮助他们掌握问题解决的步骤，提高问题解决的能力。

（4）行为激活。帮助罪犯挑战原有的负面情绪，发现与增加其在监狱内可行的、能够获得愉悦感和成就感的活动。

（5）自杀图式的抑制。帮助罪犯减少、抑制、改变与自杀相关的图式，取而代之以更积极的图式与更具适应性的问题解决能力。

浙江省十里丰监狱与浙江警官职业学院在总结和梳理中国传统罪犯教育转化手段的前提下，借鉴和结合已被证明行之有效的罪犯认知行为疗法，针对自杀高风险罪犯开发并实施了多期自杀高风险团体认知行为干预项目，一般每期 12 次，每次 1 小时 - 2 小时。主要是在团体活动中通过有类似经历和体验的他犯分析、劝说和支持，帮助罪犯重新理解自己、与他人的关系、死亡等。这些提供团体干预的心理咨询师也会提供类似 CBSP 的个别心理咨询，目的都是帮助罪犯寻求并掌握用自杀以外的方式解决目前和未来可能遇到的问题。

3. 社会支持

国外社会机构与志愿者参与监狱自杀支持的历史相对较长、组织相对系统。比如已经在英国和爱尔兰共和国的监狱中运行 20 多年的撒玛利亚聆听项目。撒玛利亚会（Samaritans，名字源自圣经故事，但其本身并没有宗教立场）是一家注册志愿机构，以英格兰和爱尔兰为基地，主要为情绪受困扰和企图自杀的人提供支援。该机构与监狱工作人员合作，选择和培训监狱中有兴趣成为聆听者的罪犯。这些受过专门培训并获得相应证书的罪犯转而给其他有需要的罪犯提供全天候的聆听服务。也就是说，这是一个罪犯间的同伴支持项目。一般操作流程是罪犯在监舍按下一个呼叫键，机构就会安排聆听者跟他们坐在一起讨论他们的烦恼和痛苦，提供情感支持。这些聆听者被要求遵循这个机构的保密政策和价值观。这样，罪犯才能有勇气向他们寻求帮助并讨论自己最个人化和私密性的问题。如果聆听者需要额外支持或是建议，他们也可以向监狱团队和机构咨询并寻求帮助。

截至 2024 年该项目的聆听者已达 1500 人，给 50

000 个请求提供了响应。聆听者没有报酬，也没有其他形式的利益。这样才能避免有些别有用心或有不良企图的罪犯进入到聆听者团队中。撒玛利亚会（Samaritans）同时为监狱工作人员提供聆听服务，尤其是那些经历罪犯在其监管之下自杀死亡的工作人员，为他们提供情感支持。也有些国家的监狱专门为在押女犯提供聆听计划，探讨她们与其伴侣及家人的关系、由于入狱被剥夺的监护资格和母亲角色而产生的苦恼、对安全依恋的需求等，从而减少和预防女犯的自杀。

　　成立于 2002 年隶属北京回龙观医院的北京心理危机研究与干预中心主要针对中国的自杀现象进行研究和干预。该机构建立了 365 天每天 24 小时提供免费心理危机干预的热线。截至 2024 年，已经接听来电 40 余万次。抑郁症互助社区"渡过"从 2018 年开始推出"陪伴者计划"。这个项目的理念是：短期是诊治、长期是成长、全程是陪伴。由抑郁症康复者、心理咨询师和精神科医生三位一体组成，打通"医疗—咨询—陪伴"三个环节，为社会上的抑郁症患者提供收费陪伴服务。目前，我国很多监狱也会与一些社会心理或是法律机构合作，以便为罪犯提供更多的社会支持。不过总体而言，这些社会支持相对零散，系统性和持续性都有待加强。

问题二：民警可以怎么矫正

张某，32岁，故意伤害罪，无期徒刑，已经服刑8年，未获得过减刑。根据收集到的信息，张某出生不久，父母便已离婚且都放弃了对其的监护权，他只能跟爷爷、奶奶生活。到了10岁左右，因为爷爷去世、奶奶中风，他到父亲身边生活了一年，后又寄居在外婆家。虽然其母亲会寄来生活费，但自述感觉到外婆家里的人并不喜欢他，所以放学后经常不回家，或者去同学家或者在外面四处闲逛。张某17岁开始到沿海务工，次年母亲因意外去世，他更是感到人生无常、命运不公，开始不务正业、吸毒、混社会。19岁时因聚众斗殴被判有期徒刑3.5年，服刑期间结识了更多混社会的"朋友"。刑满后继续不务正业、混社会，直至此次犯罪。

入监2年后，张某在个人报告中写道："过往的生活让我过得一塌糊涂，就像白活了二十多年一样，最深刻的往事都已模糊，不值一提。我认为自己就是一个祸害，害了不少人，也害了自己，这一次的犯罪一失足成千古恨，走得太远了，想回头都回不去了，一切都是天意。人还是要相信命运的好，这辈子就这样，我认命了。"

入监 3 年后张某因殴打同犯被处禁闭 15 天，一直对处罚不服。

入监 4 年后，张某在问卷调查中填写的内容如下：

（1）主要家庭社会关系：父母双亡、孤独一生。

（2）兴趣、爱好、特长：无；吸烟；无。

（3）既往生活中印象最深刻的事：太复杂，写不出来。

（4）主要犯罪事实：伤害了他人，致人死亡。

（5）民警对自己的评价：性格怪异。

（6）其他罪犯对自己的评价：疯子、精神病。

（7）对自己当前状况的分析看法：处于崩溃的边缘。

（8）对未来的看法：绝望，完完全全的绝望。

（9）其他需要说明的情况：自从被监狱处以禁闭处分后，就对人生失去了信心……这个世界还有什么值得相信、留恋？

入监 7 年后某天，张某找机会偷偷喝下整瓶洁厕液，虽然被发现后进行了及时的催吐、洗胃处理，仍造成了严重的食道、消化道粘膜损伤，饮食时有疼痛感。此后一直唉声叹气、食欲不振。

对一个人而言，生活的意义在于他者。社会关系网络、特别是家庭关系网络的断裂，不仅会使人失去最重要的家庭和社会支持，也极可能造成感情和精神无从寄托。从而，使其丧失生活目标和存在意义，甚而产生厌生感和厌世感。在某些时候，自杀就是对这种状况的一种回应。那么，我们拿什么留住亲人不在尘世、家庭网络完全断裂的身陷囹圄者？

讨论：民警层面的矫正实践

TED 演讲者凯文·布里格斯（Kevin Briggs）中士是美国金门大桥的巡警，也是一名自杀预防专家。在题为《生死之桥》的演讲中，他提出挽救一个要自杀者的核心是看见并承认他的痛苦。这和前面讨论过的询问罪犯是否有自杀意图或计划是一致的。现实中，我们的民警在这方面还是有很多顾虑。毕竟，在我们的生活字典里，"死"这个字一直是一个禁忌，而"自杀"则与人们"最敏感的神经勾连在一起"。[1] 如果与罪犯谈论自杀，民警也会担心：其一，有的罪犯没有自杀意图，会不会在被询问时假意称有，从而企图实现不正当目的？其二，有的罪犯即使有自杀意图，但是为了成功执行计划或是避免暴露弱点，会不会问了也不会说？其三，有的罪犯可能只是犹豫、彷徨，自杀意图并不清晰，会不会问了反而"启发"一个从未实施过自杀的罪犯去自杀、"刺激"一个曾经有过自杀行为但目前稳定的罪犯再次实施自杀？

虽然有诸多顾虑，但是民警不仅负有职责监管罪犯，也对罪犯的健康与安全负有责任。以前述中的张某为例，为了帮助其"不想"或是"不再想"通过自杀解决问题，民警可以实施以下保护性措施：

---

[1] 吴飞：《自杀作为中国问题》，生活·读书·新知三联书店 2014 年版，第 8 页。

1. 信任建立

每个自杀高风险罪犯面临的问题往往不止一个，因此有必要从大大小小的问题中选定需要优先解决的问题。张某从医院回来后被安置在高戒备监区进行重点防控3个月。一方面，有过自杀企图且处于情绪危机的人可能感到非常痛苦和绝望，但这种危机通常只持续相对较短时间。高戒备的目标是让处于情绪危机的罪犯"活着"，直到他/她没有那么沮丧，能够清晰地思考。另一方面，犯罪人最值得注意的特质之一是扭曲的认知，他们往往会有受害者立场，认为每一个人都与其对抗，或社会不给其机会。张某在高戒备监区要随时接受民警的监控，还需严格遵守一日改造流程。相较于其原来在普通监区的自由散漫，张某自觉难以适应、更加痛苦。为此，高戒备监区的民警通过与张某谈话，让他认识到自己没有被"针对"。同时，民警定期带他到医务室检查治疗，并根据医嘱为其提供清淡流食。随着身体慢慢康复，张某的情绪日渐稳定，开始对同犯提及对民警的感谢，也会对民警当面表示感谢。

除了监狱层面安排的心理咨询师介入，考虑到张某结束高戒备后仍被安排回到原监区，原监区经过讨论后安排了有危机干预经验的民警负责"包干"张某，每周至少找张某谈话一次。一开始，张某有比较明显的抵触情绪。在这个阶段，民警把谈话的主动权交给张某，让他自由选择谈什么、怎么谈，对张某讲述的内容保持尊重和关心，尽量做到不评判、不打断、不指责。张某慢慢感觉到民警的真诚，逐渐打开心扉。经过几次谈话，张某开始谈论此次自杀行为："我这次在医院里也待了一个来月，生与死的落差，让我想了很多。我改造7年了，刑期越坐越长，我在这边上诉也没有结果，这边的伙食我真的很不习惯，难以下咽的感觉，改造上也总是拿这边不好的地方和四川好的地方去比较，选择性地忽略了这边好的地方，所以心里很郁闷。我当时（自杀）其实想过，这样做会连累很多人，也对不起分监区的警官，因为警官其实一直对我很不错，当时只有抱着愧疚的心情，强迫自己不去想了。我被抢救过来之后，分监区的很多警官都来医院看我，很多同犯也来看我，我才感觉到中队的温暖。"

询问一个人的自杀意图，是让对方知道有人看到了他的痛苦，而询问其自杀行为，则是为了让对方感受到理解和认同，有人倾听他的痛苦。在与张某的谈话中，民警自述感受到张某的无力感、无价值感和绝望感，因此，他向张某表示了理解，同时肯定了张某长期以来为了适应监狱环境所作的努力，以及其自杀前的愧疚和获救后的感恩。张某感受到了被接纳，作为回应，他也接纳了包干民警的每周谈话，到后期，甚至非常期待包干民警的到来。

简言之，在对自杀高风险罪犯的个别谈话中，建立信任关系的方法因人而异，但基本的理念是"避免简单的是非、道德评判；尊重他们的选择，看到并肯定他们的积极面，理解并接纳他们的消极面"。

2. 关系修复

"一切烦恼都是人际关系的烦恼。"[1]自杀是孤立、隔绝。一旦一个人开始觉得除了自杀别无选择，就像是进入了隧道，被痛苦蒙蔽了双眼，看不到其他的选择。要帮助这样的人逃离"隧道"——至少是暂时的——所需要的只是联结。为了帮助张某与周围的人联结，民警作了如下努力：

第一，基于张某对原分监区民警、同犯的感恩这一信息，包干民警建议张某写信给他想表示感谢的人。张某先后写了3封长信给原监区教导员和分监区指导员，承认自己的错误，并请求警官和同犯谅解。为了配合包干民警的工作，教导员和指导员在收到信后，很快安排

---

[1]　[日]岸见一郎、古贺史健：《被讨厌的勇气："自我启发之父"阿德勒的哲学课》，渠海霞译，机械工业出版社2015年版，第36页。

时间到高戒备监区分别看望张某，鼓励他重新开始。张某本来对回到原监区的生活感到忐忑和不安，不知民警和周围的同犯会怎么看待他，既有内疚，也有羞耻感。这些看望打消了他的顾虑，让他对未来的生活开始有了些期待。

第二，正如第三章所言，"关键人"可以起到事半功倍的效果。随着与包干民警的谈话越来越放松，张某开始提及一位"干妈"。经过进一步了解，发现张某的母亲去世之后，这位干妈就是其入狱前最亲的人。经过与其干妈的沟通，民警安排了他们之间的通话。这位干妈对张某打来的电话表现得非常高兴，对他嘘寒问暖，最后还让他记得下次再打电话。这次电话让张某"重拾"亲情，感受到了家人的关心和惦念。他对刑满释放后的生活也一改以往的毫无所谓，反复跟民警说等他出去了要好好孝顺干妈。

这里需要注意的是，亲情帮教是民警常用的方法。为了更加有效的"借力"亲情，民警可以在安排自杀高风险罪犯与其家人通话前，对其家人做一点简单的"话术"辅导。比如有曾经实施过自杀的罪犯在即将出狱前的3天，接受了我们的访谈。她提及之所以没有再次实施自杀行为是因为其年老的父亲在每次亲情会见和电话时都会跟她重复一句话："我在外面会照顾好自己，不让你担心；你在里面也要照顾好自己，不要让我担心。我们一定要在外面一起吃一顿饭。"虽然只是简单的话语，却一字千金，让这名罪犯在经历迷茫、痛苦和绝望时一再感受到家人的支持和力量，让她撑过了剩余5年的刑期：

答：我未了结的心愿，就是想回去了结一下，因为我对我爸爸还没有尽过孝，我想回去哪怕就是跟他在一起待一天，就是给他烧一天的饭菜，煮面条吧也算是，做我这辈子没做的事情。

问：你爸爸对你挺好的啊。

答：所以我觉得回去，如果这一生没有做，这一生都是遗憾的。

问：要让爸爸感觉到有你这个女儿，对不对？

答：嗯，我想让他觉得我是变了，让他相信我变了。

不仅是罪犯，很多罪犯家属也会面临亲情见面或通话时不知该说什么的困惑。民警的简单辅导就可以让罪犯家人的话语变成抚慰人心的力量。

第三，春节之际，包干民警特意送了一个红苹果给张某，祝愿他新的一年平平安安。这让张某十分感动，在年后的一次谈话中自述："以前的不幸，我觉得是我的命，我谁都不怪，只怪自己的命不好。但是，现在发觉原来还有这么多人在关心我，我希望能重新回去好好改造,不管未来怎么样,至少不能辜负关心我的人。"

张某在成长过程中有多次被亲人"抛弃"的经历,他的自杀行为可能是一种感到被彻底抛弃之后的自我放弃。通过谈话,民警不仅收集了必要信息,也帮助张某挖掘并修复与他人的人际关系。虽然关系的修复往往需要比较长的时间,但是高戒备监区和原监区共同协作,仅通过 3 个月就已经让张某有了更多全新的体验,看到了更多的可能性。

3. 内部支撑

一般而言,很多罪犯在入狱前就存在问题应对和解决能力较差甚至是非常差的问题。他们往往用酗酒、暴力、吸毒、犯罪、威胁或企图伤害自己等非建设性的方式解决问题。这样的罪犯在入狱后,如果没有改变认知、提升问题解决能力,就会把原有的思维方式和行为模式套用到监狱生活中。再加上各方面条件受限的监狱环境,就会使得在社会上不是问题的问题或只是非常小的问题被无限放大,因而更有可能使得一些罪犯转向自杀等极端行为。罪犯张某内心的痛苦、绝望是根深蒂固的。为了巩固前期的"成果",除了帮助张某继续维系与其"干妈"的外部联结,监区层面还提供了更多的内部支撑,让他不再"想自杀"。

　　第一，提供"孔雀翎"。古龙在小说《七种武器》里把孔雀翎描绘成威力无比的终极武器，名扬天下。主人公高立因为担心打不过对手，经过再三请求终于向孔雀山庄庄主秋凤悟借到了孔雀翎。虽然高立承诺不到万不得已不会使用这个暗器，但是有暗器"傍身"，在面对敌人时信心满满，气势十足，轻松杀死了敌人，无需借助孔雀翎。后来秋凤悟坦言孔雀翎其实早已遗失，高立有打败敌人的实力，只是缺乏自信。之所以把假的孔雀翎借给他，是为了给他"力量"。在这里孔雀翎不再只是令人生畏的暗器，它提供的是一种信心。

　　在日常管理中，民警都会跟罪犯说"有事找警官"。这就相当于给了罪犯一个"孔雀翎"。但是孔雀翎如果要发挥作用，确实增加罪犯的信心和控制感，关键是大家都要认可它的"威力"。为此，张某原监区领导以及包括包干民警在内的所有民警合力打造更加畅通的沟通渠道，让罪犯在遇到问题或困难的时候知道自己并不是孤立无援、无处求助。全监区民警也讨论、反思了如何进一步提高沟通技巧，比如在与罪犯谈话过程中避免使用讽刺、贬低或居高临下的语言；考虑到彼此之间的信息不对称，要用罪犯听得懂的语言，讲清楚始末缘由等。

　　张某曾经在问卷调查中回答民警对其评价是"性格怪异"。经过与张某的心理咨询师讨论后，监区决定在其回来后，包干民警在"明面上"不对其进行区别对待，日常谈话次数也跟其他罪犯一样，只是与其明确既可以申请心理咨询，也可以在需要的时候找他或是其他民警谈话，他们愿意成为他的"倾听者"。这样做的目的是一方面对其高戒备期间的积极变化做出反馈，相信他能够跟其他罪犯一样控制自己的情绪和行为；另一方面，把谈话的主动权交给张某，不仅有助于减少张某的抵触，也希望他能借此获得更多对自己和未来生活的控制感。

　　无论是高戒备还是张某原监区的民警都不是心理咨询师或是社会工作者，但是与陷入困境的罪犯进行基本的沟通是合适且必要的。这种谈话无需花费大量时间，也不用试图解决自杀的问题，主要目的是帮助罪犯说出他们的感受，让他们知道有关心其健康和安全的人。也就是说，沟通的终极目的是传达态度。

　　第二，提供"互助员"。与罪犯朝夕相处的同犯最有可能在第一时间看到或听到罪犯自杀的早期迹象、预警信号或行为。而且在监狱情境中，相较于作为公权力代表的民警，身处同样情境中的罪犯更能说服有自杀企图的人，因为他们的话语会被认为是站在自己立场、从自己的利益考虑出发，也就更容易被接受和认可。使用训练有素的罪犯互助员显示出良好效果（Junker，et al.，2005）。[1]豪和伽柏（Hall & Gabor）认为由受过包括有效和积极倾听、自杀预防、非语言交流、精神疾病等知识和技能训练的罪犯担任互助员，与有自杀企图或行为的罪犯建立"互助"关系有助于罪犯自杀预防。[2]

　　张某在问卷调查中认为其他罪犯对自己的评价是"疯子、精神病"，而且在包干民警与其的谈话中也反复提及该评价。在张某回到原监区前，监区对张某的劳动岗位、就寝铺位等问题做出了安排，特别是张某同监舍罪犯的挑选。考虑到他总认为自己是被抛弃的人，没有安全感，很有可能在希望能被身边人接纳的同时又很自卑，不会主动接近他人，致使他在群体中不受欢迎、不被关注。民警安排其同监舍罪犯担任互助员的角色，在日常生活中主动与其聊天、作伴，以便增强他的存在感、价值感和信心。这些互助员在张某回来前接受的培训包括：如何识别潜在自杀信号并做出及时、恰当的反应和行动；相应的心理健康教育以帮助他们对生命有更

---

〔1〕　G. Junker, A. Beeler, J. Bates, "Using trained offender observers for suicide watch in a federal correctional setting: a win-win solution", *Psychological Service*, 2005, pp. 20 – 27.

〔2〕　B. Hall, P. Gabor, "Peer suicide prevention in a prison", *Journal of Crisis Intervention and Suicide Prevention*, 2004, pp. 19 – 26.

深刻的认识和理解等。

这些围绕在张某周围的同犯和民警就像是织起了一张托举张某的"安全网"，为其提供了强有力的内部支撑。在一次与包干民警的日常谈话中，张某主动提及自杀行为：

答：当时是那么一下就觉得自己是必死无疑了。

问：现在怎么想的？觉得被救下来？

答：被救下来是万幸的。

4. 意义找寻

"我们的活动应该有一个超越生活的目标"，因为"如果生命不值得延续下去，那么一切都可以成为摆脱生命的借口"。[1]张某父母双亡，被判无期徒刑……他的孤独感、无价值感、无意义感已长期存在，一旦遭遇挫折，就会因为看不到人生的希望和意义，而试图通过自杀让正在经历的痛苦、悲伤、绝望的感觉能够得以消失。

帮助张某获得价值感和意义感是一项持续开展的工作。在其还在高戒备时，张某谈及在决定自杀前会因为担心连累到同犯和值班民警而心生内疚，包干民警马上

---

〔1〕 ［法］埃米尔·迪尔凯姆：《自杀论》，冯韵文译，商务印书馆2011年版，第220页。

予以回应："你会这样想，说明你是一个讲义气、重感情的人。"听到被认可的话语，张某当场就流下了眼泪。这帮助他看到自己的价值，也让他明白自己的价值是"被看到的"。

在张某回到原监区后，包干民警给了张某一本书：《我与地坛》，让其空闲时"翻翻"。作者史铁生患有先天椎管不全症，后双腿瘫痪。自述在周围的人劝说其乐观时，在心里轻笑："开玩笑，你们说得简便，病又没长在你身上。"虽有多次自杀企图，最终走上其戏称的"专职生病，业务写作"之路。同样身处逆境，甚至可能遭遇比张某更为痛苦经历的人对生死透彻心扉的思考让张某对生命获得了新的理解与感悟，他说最喜欢书里的这句话："一个人，出生了，这就不再是一个可以辩论的问题，而只是上帝交给他的一个事实；上帝在交给我们这件事实的时候，已经顺便保证了它的结果，所以死是一件不必急于求成的事，死是一个必然会降临的节日。这样想过之后我安心多了，眼前的一切不再那么可怕。"

同时，张某同监舍的罪犯不仅为张某提供倾听和陪伴，也诉说各自的烦恼和痛苦，让张某分享看法、提供意见。借此，一方面，张某可以意识到自己并不是一个奇怪的人，他人也有自己的烦恼和痛苦，而他们可以彼此关心和支持；另一方面，自杀未遂可能对张某而言是一个难以启齿的经历，但是等他开始谈论这段经历，并用这段经历去劝说同犯时，他不仅能感受到自身存在的价值和意义，也被自己不断说服、强化生命是有价值的这一理念。

可以说，相较于高墙、电网和牢门，更能有效阻止罪犯自杀行为的是警惕的、人道的、稳定的、公平的民警。基层民警是自杀意图发现、自杀事件处置的第一反应者，是监狱安全的基石。但是，罪犯自杀是生物、遗传、社会心理、监禁环境、人际关系等不同因素交互作用的结果。自杀罪犯的评估、管控和矫正工作对基层民警而言可谓是既复杂又精细，既意义重大又"如履薄冰"。我们在访谈中听到很多曾经实施过自杀的罪犯会说为了民警不再"干傻事"，问及原因，其中一个罪犯所言最有代表性：

"就像我刚才说的有的队长、警官在我们心中分量很重的。虽然说他们是警察，我们是劳改犯，但有些队长和警官，我们也是拿心交的！"

参考文献

1. ［奥］阿尔弗雷德·阿德勒：《自卑与超越》，杨颖译，浙江文艺出版社 2016 年版。

2. ［法］爱德华·勒维：《自杀》，王明睿译，上海人民出版社 2013 年版。

3. ［英］维克托·迈尔－舍恩伯格、肯尼思·库克耶：《大数据时代》，盛杨燕、周涛译，浙江人民出版社 2013 年版。

4. ［法］埃米尔·迪尔凯姆：《自杀论》，冯韵文译，商务印书馆 2011 年版。

5. ［日］岸见一郎、古贺史健：《被讨厌的勇气："自我启发之父" 阿德勒的哲学课》，渠海霞译，机械工业出版社 2015 年版。

6. 陈立成：《罪犯的自杀与防范》，载《河南司法警官职业学院学报》2004 年第 4 期。

7. 陈鲁豫：《还是要相信》，花城出版社 2021 年版。

8. 龚道联：《罪犯自杀危机干预》，重庆出版社 2014 年版。

9. 孔一：《罪犯自杀研究——对浙江省罪犯自杀案件的实证分析》，载《中国人民公安大学学报（社会科学版）》2005 年第 1 期。

10. 史铁生：《我与地坛》，北京出版社 2020 年版。

11. ［美］托马斯·乔伊纳：《为什么要自杀》，曹梦琰、潘千译，中国致公出版社 2015 年版。

12. ［美］谢利·卡根：《死亡哲学：耶鲁大学第一公开课》，贝小戎、蔡健仪、庞洋译，北京联合出版公司 2016 年版。

13. 薛长江：《对在押罪犯自杀防控工作的思考》，载中国监狱信息网，https://www.cnprison.cn/2021/0206/c379a162022/page.htm，最后访问日期：2020 年 10 月 28 日。

14. 王贵松：《自杀问题的国家立场》，载《北方法学》2009 年第 5 期。

15. 吴飞：《自杀作为中国问题》，生活·读书·新知三联书店 2014 年版。

16. 郑子强等：《基于音频的罪犯自杀危险性评估》，载《四川大学学报（自然科学版）》2023 年第 6 期。

17. 罪犯狱内危险评估工具研发小组：《江苏监狱罪犯狱内危险评估工具（J3C）的研发与应用》，载《犯罪与改造研究》2017年第2期。

18. ［美］Richard K. James，Burl E. Gilliland：《危机干预策略》，肖水源等译校，中国轻工业出版社2017年版。

19. R. Atlas，*Reducing the opportunity for inmate suicide：A design guide*，1989，pp. 161 – 171.

20. E. Barker，K. Kõlves，D. De Leo，"Management of Suicidal and Self-Harming Behaviors in Prisons：Systematic Literature Review of Evidence-Based Activities"，*Archives of Suicide Research*，2014，pp. 227 – 240.

21. A. T. Beck，M. Kovacs，A. Weissman，"Assessment of suicidal intention：The scale for suicide ideation"，*Journal of Consulting and Clinical Psychology*，1979，pp. 343 – 352.

22. G. K. Brown，T. R. Ten Have，G. R. Henriques，S. X. Xie，J. E. Hollander，A. T. Beck，"Cognitive therapy for the prevention of suicide attempts：A randomized controlled trial"，*Journal of the American Medical Association*，2005，pp. 563 – 570.

23. E. W. Burgess，"Factors determining success or failure on parole"，in A. A. Bruce ed，*The workings of the*

indeterminate sentence law and the parole system in Illinois, Illinois State Board of Parole, 1928, pp. 221 – 234.

24. D. K. Carlson, Jail Suicide Assessment Tool. Federal Bureau of Prisons, available at http://www. usmarshals. gov/prisoner/assessment_ tool. pdf, 最后访问日期: 2018 年 6 月 1 日。

25. J. Cerel, M. M. Brown, M. Maple, M. Singleton, J. van de Venne, M. Moore, C. Flaherty, "How many people are exposed to suicide? Not six", *Suicide and Life-Threatening Behavior*, 2019, pp. 529 – 534.

26. B. Cox, K. Skegg, "Contagious suicide in prisons and police cells", *Journal of Epidemiology and Community Health*, 1993, pp. 69 – 72.

27. Robert J. Cramer, Hayley J. Wechsler, Sarah L. Miller, Elise Yenne, "Suicide Prevention in Correctional Settings: Current Standards and Recommendations for Research, Prevention, and Training", *Journal of Correctional Health Care*, 2017, pp. 1 – 16.

28. M. Daigle, "MMPI inmate profiles: suicide completers, suicide attempters, and nonsuicidal controls", *Behavioral Sciences and the Law*, 2004, pp. 833 – 842.

29. A. E. Daniel, "Preventing Suicide in Prison: A Col-

laborative Responsibility of Administrative, Custodial, and Clinical Staff", *The Journal of the American Academy of Psychiatry and the Law*, 2006, pp. 165 – 175.

30. R. I. M. Dunbar, "Cognitive constraints on the structure and dynamics of social networks", *Group Dynamics: Theory, Research, and Practice*, 2008, pp. 7 – 16.

31. C. J. DuRand, G. J. Burtka, E. J. Federman, "A quarter century of suicide in a major urban jail: implications for community psychiatry", *American Journal of Psychiatry*, 1995, pp. 1077 – 1080.

32. L. Favril, Y. Rongqin, H. Keith, F. Seena, "Risk factors for self-harm in prison: a systematic review and meta-analysis", *The Lancet Psychiatry*, 2020, pp. 682 – 691.

33. S. Fazel, M. Grann, B. Kling, K. Hawton, "Prison suicide in 12 countries: An ecological study of 861 suicides during 2003 – 2007", *Social Psychiatry and Psychiatric Epidemiology*, 2011, pp. 191 – 195.

34. S. Fazel, T. Ramesh, K. Hawton, "Suicide in prisons: An international study of prevalence and contributory factors", *The Lancet Psychiatry*, 2017, pp. 946 – 952.

35. P. Frottier, F. Koenig, Seyringer, T. M. Matschnig, S. Fruehwald, "The distillation of 'VISCI': towards a better

identification of suicidal inmates", *Suicide Life Threat Behavior*, 2009, pp. 376 - 385.

36. M. Ghahramanlou-Holloway, S. S. Bhar, G. K. Brown, C. Olsen, A. T. Beck, "Changes in problem-solving appraisal after cognitive therapy for the prevention of suicide", *Psychological Medicine*, 2012, pp. 1185 - 1193.

37. C. Gould, M. Tristan, S. Karen, "Suicide Screening Tools for Use in Adult Offenders: A Systematic Review", *Archives of Suicide Research*, 2017, pp. 345 - 364.

38. B. Hall, P. Gabor, "Peer suicide prevention in a prison", *Journal of Crisis Intervention and Suicide Prevention*, 2004, pp. 19 - 26.

39. J. Haycock, "Listening to 'attention seekers': The clinical management of people threatening suicide", *Jail Suicide Update*, 1992, pp. 8 - 11.

40. L. Hayes, *Prison suicide: An overview and guide to prevention*, Washington, DC: U. S. Department of Justice, 1995.

41. L. M. Hayes, "Suicide in Adult Correctional Facilities: Key Ingredients to Prevention and Overcoming the Obstacles", *The Journal of Law, Medicine & Ethics*, 1999, pp. 260 - 268.

42. L. M. Hayes, "Suicide prevention in correctional facilities: Reflections and next steps", *International Journal of Law and Psychiatry*, 2013, pp. 188 – 194.

43. G. Junker, A. Beeler, J. Bates, "Using trained offender observers for suicide watch in a federal correctional setting: a win-win solution", *Psychological Service*, 2005, pp. 20 – 27.

44. N. Kenneth, "Responding to a Suicide Death: The Role of First Responders", *Death Studies*, 2017, doi: 10. 1080/07481187. 2017. 1335550.

45. D. N. Klein, S. A. Shankman, S. Rose, "Ten-year prospective follow-up study of the naturalistic course of dysthymic disorder", *American Journal of Psychiatry*, 2006, pp. 872 – 880.

46. S. Klein, 10 *things to know from those who have attempted suicide*, available at: https://www. health. com/condition/depression/suicide-attempt-survivors, 最后访问日期: 2023 年 11 月 5 日。

47. E. D. Klonsky, A. M. May, "The three-step theory (3ST): A new theory of suicide rooted in the 'ideation-to-action' framework", *International Journal of Cognitive Therapy*, 2015, pp. 114 – 129.

48. E. D. Klonsky, A. M. May, B. Y. Saffer, "Suicide, suicide attempts, and suicidal ideation", *Annual Review of Clinical Psychology*, 2016, pp. 307 – 330.

49. E. D. Klonsky, A. M. May, C. R. Glenn, "The three-step theory (3ST) of suicide: A new theory of suicide rooted in the 'Ideation-to-Action' framework", In *The Oxford Handbook of Suicide and Self-Injury*, Oxford University Press, 2018, pp. 1 – 18.

50. G. T. Klugiewicz, "How to respond to correctional emergencies", available at: https://www. corrections1. com/products/communications/crisis-communications/articles/how-to-respond-to-correctional-emergencies-WxlOj703Zt0UNGG8/, 最后访问日期: 2023 年 6 月 6 日。

51. N. Konrad, M. S. Daigle, A. E. Daniel, G. E. Dear, P. Frottier, L. M. Hayes, M. Sarchiapone, "Preventing Suicide in Prisons, Part I", *Crisis*, 2007, pp. 113 – 121.

52. B. Kovasznay, R. Miraglia, R. Beer, "Reducing suicides in New York state correctional facilities", *Psychiatric Quarterly*, 2004, pp. 61 – 70.

53. M. R. Labrecque, M. W. Patry, "Self-Harm/Suicidality in Corrections", *The Practice of Correctional Psychology*, 2018, pp. 235 – 257.

54. MM. Linehan, *Suicidal Behaviors Questionnaire Unpublished inventory*, University of Washington, Seattle, WA, 1981.

55. M. McMurran, "Motivational interviewing with offenders: A systematic review", Legal and Criminological Psychology, 2009, pp. 83 – 100.

56. J. F. Mills, D. G. Kroner, "Screening for suicide risk factors in prison inmates: Evaluating the efficiency of the Depression, Hopelessness and Suicide Screening Form (DHS)", *The British Psychological Society*, 2005, pp. 1 – 12.

57. D. Mitchell, R. C. Tafrate, S. M. Cox, T. Hogan, *The impact of a probation officer CBT training program on supervision sessions and client recidivism*, Poster presented at the annual meeting of the Canadian Psychological Association, Toronto, Ontario, Canada. 2017.

58. H. Naud, M. S. Daigle, "Predictive Validity of the Suicide Probability Scale in a Male Inmate Population", *Journal of Psychopathol Behavior Assess*, 2010, pp. 333 – 342.

59. R. F. Patterson, K. Hughes, "Review of completed suicides in the California Department of Corrections and Rehabilitation, 1999 to 2004", *Psychiatric Services*, 2008, pp. 676 – 682.

60. A. E. Perry, D. T. Olason, "A New Psychometric Instrument Assessing Vulnerability to Risk of Suicide and Self-Harm Behaviour in Offenders: Suicide Concerns for Offenders in Prison Environment (SCOPE)", *International Journal of Offender Therapy and Comparative Criminology*, 2009, pp. 385 – 400.

61. T. Palmer, *The primacy of doubt: From quantum physics to climate change, how the science of uncertainty can help us understand our chaotic world*, Basic Books, 2022.

62. M. Pompili, D. Lester, M. Innamorati, A. Del Casale, P. Girardi, S. Ferracuti, R. Tatarelli, "Preventing Suicide in Jails and Prisons: Suggestions from Experience with Psychiatric Inpatients", *Journal of Forensic Science*, 2009, 54 (5), pp. 1155 – 1162.

63. R. R. Ross, R. D. Ross, "Programme development through research", in R. R. Ross, R. D. Ross eds, *Thinking straight: The reasoning and rehabilitation programme for delinquency prevention and offender rehabilitation*, Ottawa: AIR Training and Publications, 1995, pp. 25 – 37.

64. M. DavidRudd, Kelly C. Cukrowicz, Craig J. Bryan, "Core competencies in suicide risk assessment and management: Implications for supervision", *Training and Education*

in Professional Psychology, 2008, pp. 219 – 228.

65. E. Shneidman, *Definition of Suicide*, New York: John Wiley & Sons, 1985.

66. N. Tarrier, "Broad minded affective coping (BMAC): A 'positive' CBT approach to facilitating positive emotions", *International Journal of Cognitive Therapy*, 2010, pp. 64 – 76.

67. M. Tomaszewska, N. Baker, M. Isaksen, E. Scowcroft, "Unlocking the evidence: Understanding suicide in prisons", 2019, available at: https://media.samaritans.org/documents/Samaritans _ PrisonsDataReport _ 2019 _ Final. pdf, 最后访问日期: 2023 年 6 月 4 日。

68. C. Wichmann, R. Serin, L. Motiuk, "Predicting Suicide Attempts Among Male Offenders in Federal Penitentiaries", 2000, available at: https://www.csc-scc.gc.ca/research/092/r91_e.pdf, 最后访问日期: 2023 年 5 月 9 日。

69. S. Zhong, M. Senior, R. Yu, A. Perry, K. Hawton, J. Shaw, S. Fazel, "Risk factors for suicide in prisons: A systematic review and meta-analysis", *The Lancet Public Health*, 2021, pp. 164 – 174.